社長は会社を「大きく」するな！

山本憲明
税理士

ダイヤモンド社

一、経営規模としては、むしろ小なるを望み、
大経営企業の大経営なるがために
進み得ざる分野に、
技術の進路と経営活動を期する

ソニー創業者・井深 大『東京通信工業株式会社設立趣意書』より

はじめに
「小さくても、しっかり儲かる会社」を作る

本書を手にとっていただき、ありがとうございます。

税理士の山本憲明と申します。

本書のタイトルは『社長は会社を「大きく」するな!』です。これを見て、「ドキッとされた方」「何を言ってるんだと思われた方」「うちの社長に読ませたいと思われた方」、さまざまかと思います。

今、時代は大きく変わりつつある

日本には昔から、「会社は大きくするもの」という風潮が根強くありますので、本書のタイトルは、それとは逆行しています。

しかし、よく考えてみて下さい。


「会社は大きくするもの」、この発想はいつ、どこで生まれたものでしょうか。

それは、「急激な高度経済成長を遂げた、かつての日本」ではないかと思います。


ですが、時代は変わっています。

この100年に一度といわれる不況の中、安易な「拡大・成長戦略」では、会社は疲弊し、経営者はもちろん、働く社員も幸福感を得ることができません。

あの世界的企業でさえも、3万6000人の人員削減！

また、日本は少子高齢化という問題も抱えており、今後、労働者人口と消費者人口は確実に減り続けます。そうした点からも、かつての「急激な経済成長」は期待できません。

「会社は常に右肩上がり！」という発想は、もはや今の時代に合わなくなってきている。

企業経営に100％の正解はありませんが、私はそう思っています。

現在、**かつて液晶分野であれほど勢いのあったシャープが経営に苦しみ、5000人の人員削減を計画中**です。また、松下幸之助氏が設立し、日本を代表する企業であるパナソニックでさえ、2011年度、約3万6000人の人員削減を実行しました。

電機業界のみならず、少し前では、巨大企業で潰れるわけがないと思われていたJALも、経営破たんしました。

今、起こっている現象こそが、まさに定例として、「会社を大きくする」という経営方針の限界を表しているのではないでしょうか。

「経営規模としては、むしろ小なるを望む」

冒頭にご紹介したのは、ソニー創業者、井深大氏の言葉です。東京通信工業（ソニーの前身）設立時に起草した「東京通信工業株式会社設立趣意書」は、企業精神の理想形の1

つとして有名です。

　この**設立趣意書が書かれたのは、終戦の翌年、1946年です。「経営規模としては小なるを望む」。このような精神が、戦後の日本の「ものづくりの現場」にはあり、それが高度経済成長に結びついた**のではないかと思っております。

　それがいつしか、「いたずらに利益ばかりを追う利益至上主義」、あるいは「時価総額を最大化することのみが目的」となり、その反動の1つが、現在、多くの大企業で行われている、大規模な人員削減ではないでしょうか。

売上をしっかり上げ、儲かる仕組みを構築する

　もちろん、「規模を追い求めていく経営が正しくない」わけではありません。

　ただ、繰り返しになりますが、今、時代は大きく変わっています。

　経営者ならば、時代に合わせた経営をしていくべきなのです。

　今、私たちが考えるべきは、「会社を大きくする」ことに注力する」のではなく、**「小さな**

規模の中で、しっかり儲かる会社を作る」「社員も、幹部も、経営者も、幸せになる会社を作る」ことではないでしょうか。

ダイエットに例えれば、「ぜい肉だらけで、図体はでかいけど儲からない会社」ではなく、「筋肉質でしっかり儲かる会社」を目指しましょう、ということです。

もっと具体的にいえば、**「人を無理に増やさず、売上をしっかり上げ、儲かる仕組みを構築する」**ということです。

本書では、その方法論をしっかりお伝えしていきます。また、「会社を小さくして、儲かる会社に変わった」事例も盛り込みましたので、ぜひ参考にしていただければと思います。

さらに儲かるだけではなく、人間としての楽しみや幸せも、真に実現できたならば、人間として素晴らしいのではないでしょうか。社長として独立したのであれば、人生も自由に謳歌《おうか》しましょう。

今、時代は大きく変わっている

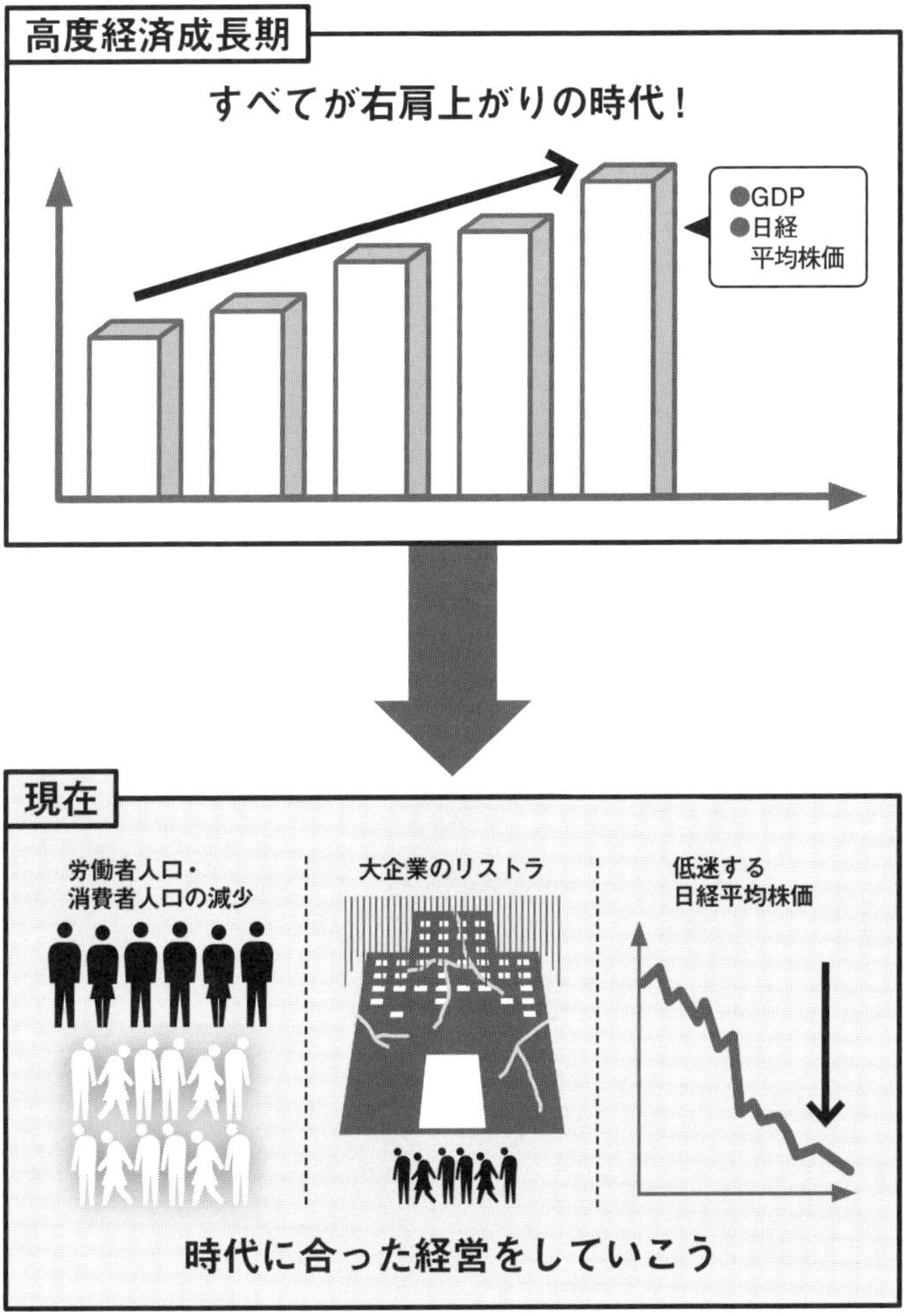

本書で推奨する「会社を大きくしない経営」では、人間としての幸せも目指していきます。

これから生き残る会社の条件

紹介が遅れてしまいましたが、私は「少人数経営」を推奨する税理士です。具体的には、税理士業務に加えて、経営戦略や会計・財務の面からも、経営者の方々にアドバイスを行っています。

これまで**1000人を超える中小企業の社長さんとお会いしてきましたが、その経験からすると、「少人数経営」は自信を持ってオススメできます。**

もし少しでも、「今まで会社を大きくすることを目標にしていたけど、これからの時代を考えると、少々難しいのかもしれない」と思われた方がいれば、ぜひこのまま、読み進めて下さい。

逆に、「いや、そうはいっても、俺は会社を大きくするんだ」と思われた方は、まず、序章～1章まで読み進めて下さい。必ずや、新しい発見があると思います。

本書を通して、**社長さんはもちろんのこと、これから社会の中枢を担っていく未来の社長さん、そして、その社員の方々が幸せ**になれば、私もこの上なく嬉しく思います。

では、始めていきましょう。

山本憲明

2012年10月

社長は会社を「大きく」するな！

目次

序章　「大きくて勢いのある会社」の正体！

第1章

会社を大きくしてはいけない「4つの理由」

第2章

小さくても儲かる会社、「7つのルール」

Contents

第3章

儲かる会社の「儲かる仕組み」

第4章

できる経営者の「お金とのつき合い方」

第5章 余剰資金を「投資」して、お金を守る

第6章 会社を「小さく」して、大きく儲ける！

第7章

起業・新規事業を成功させる5つのコツ

第8章 経営者の本当の幸せを考える

※「投資・ビジネス」は、ご自身の判断と責任において行って下さい。本書の内容をもとに「投資・ビジネス」を行い、もし損失を被った場合でも、著者ならびに出版社は責任を負いかねますので、あらかじめご了承下さい。

●カバーデザイン／渡辺弘之
●本文デザイン／斎藤 充（クロロス）

Contents

序章

「大きくて勢いのある会社」の正体！

01

実は、1人当たりの粗利（稼ぐ力）は低い！

大企業は本当に儲けているのか？

起業志望者や、起業したての経営者から見て、「うらやましい」と思う存在があります。それは、「大きな会社」です。

私も何年か前までは、大きな会社を見るにつけ、「いいなぁ。うらやましい」と思っていました。しかし今、そんな気持ちはなくなりました。

その理由は、**「大きくて、勢いのある会社であっても、実はそれほど儲かっていないことが多い」**からです。

もちろん大きな会社でも、「稼ぐ力」を持っており、本当に儲かっている会社もあります。ただ、そんな会社は多くありません。

会社の「稼ぐ力」は、ここで見る！

実際に儲かっているかどうか、「稼ぐ力」が本当にあるのかどうかを見分けるために、私はある指標を使っています。

それは、**「（従業員）1人当たりの粗利」**です。

粗利という言葉は、みなさん聞いたことがあるかと思います。「売上」から、「原価」（売上を上げるために必ずかかる費用）を引いたものですね（粗利のことを、会計用語では「売上総利益」といいます。本書では、粗利を使います）。

例えば、コンビニエンスストアなどの小売業であれば、粗利は、売上高から仕入れの金額を引いたものです。自動車会社であれば、売れたクルマの値段から、そのクルマを作るためにかかった材料代、工場の人件費などを引いたものが粗利になります。

その粗利を従業員の数で割ったもの、それが「1人当たりの粗利」なのです。

つまりこの数値は、**「会社で稼いだお金（粗利）を、いったい何人で生み出しているか」**を表すものであり、会社の本当の力を探るバロメーターなのです。

「1人当たりの粗利」はすぐ調べられる

これは、株式を公開している上場企業であれば、私たちでも計算することができます。その方法をお伝えします。

まずは、「○○（会社名） 有価証券報告書」とヤフーなどで検索して下さい。有価証券報告書を開くことができたら、「従業数の状況」という表を探して下さい。そこに従業員数が載っています。従業員数の算定については、実質的な労働力を考慮して、「従業員数＋平均臨時雇用者数×0・5」で算出します。

売上総利益（粗利）については、「連結財務諸表等」の中に載っていますので、数字を抜き出してみて下さい。

売上総利益を、従業員数で割ると出てくるのが、「1人当たりの粗利」です。

1人当たりの粗利は、もちろん企業によってさまざまです。かつて、非上場企業の平均で1000万円、上場企業の平均で1500万円といわれていました。

上場の有無にかかわらず、5000万円近い数字を上げている会社もありますが、多くは1000万円前後に落ち着きます。その一方で、1000万円を大きく下まわっている会社もあります。

もはや「大企業＝儲かる会社」ではない！

「そんなことといっても、大企業は儲けているんじゃないの？」

こうした疑問をお持ちになられる方も多いかと思います。しかし、誰もが知っている大企業でも、今、厳しい状況に追い込まれているのです。

次の数字は、**日本を代表する電機メーカーの2011年度の有価証券報告書から算出した1人当たりの粗利**です。

○パナソニック　1981701（百万円）÷330767（人）＝5.991＝約599万円

○シャープ　412008（百万円）÷56756（人）＝7.259＝約726万円

○NEC　907916（百万円）÷109102（人）＝8.321＝約832万円

給料も経費も、粗利から出る

「1人当たりの粗利」は、社員の給与や、各種経費の源です。少ない場合は、当然給与も少なくなります。1人当たりの粗利が1000万円だとすると、そこから「給与と経費と利益」を出さなければなりません。そうすると、給与の限界も決まってきます。

いわゆる大企業は、高度経済成長時の恩恵を受け、大きな利益（内部留保）を得ました。この「貯金」のおかげで、給与水準等も含めて、大企業は何とか存続しています。

ただ、それにも陰りが見えてきました。企業年金の廃止や、何千人という早期退職者の募集、そしてリストラは、企業としての体力の無さを如実に表しています。

また「急激に伸びている会社」にも注意が必要です。社員を増やして、売上が上がっていても、「1人当たりの粗利」がとても少なくなっている場合が多いのです。

summary

会社の稼ぐ力は、「1人当たりの粗利」で見る

大きな会社は本当に儲かっているのか？

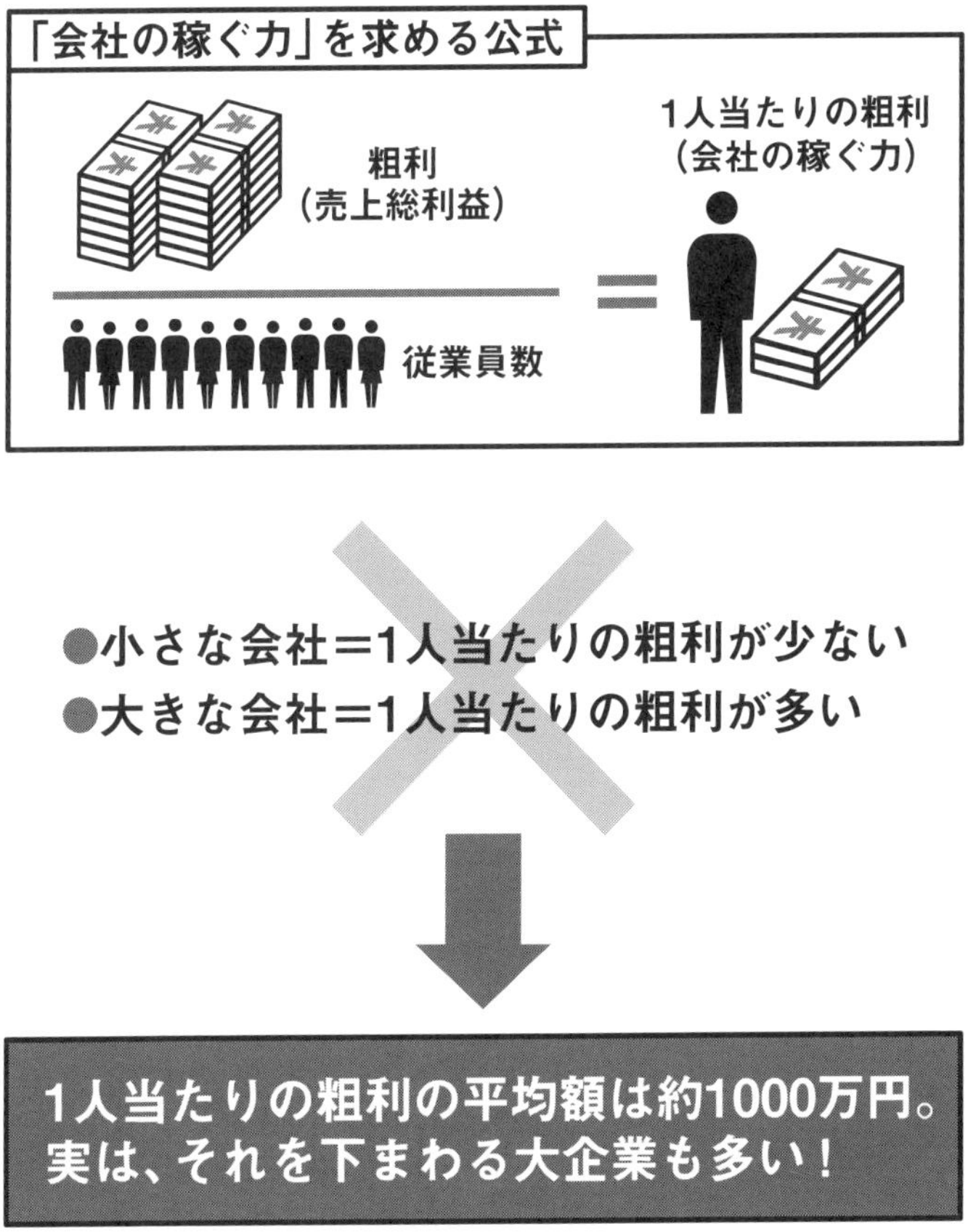
「会社の稼ぐ力」を求める公式
粗利
（売上総利益）
従業員数
＝
1人当たりの粗利
（会社の稼ぐ力）
●小さな会社＝1人当たりの粗利が少ない
●大きな会社＝1人当たりの粗利が多い
1人当たりの粗利の平均額は約1000万円。
実は、それを下まわる大企業も多い！

02

実は、「管理の手間」で儲けが減る！

大きくなればなるほど、「内向きの力」が必要

なぜ大きな会社では1人当たりの粗利が少ないのでしょうか。その最大の原因は、**「大きな会社では、内向きの力が必要になる」**からです。

社員が多いと、管理の手間が増大します。社長1人の会社と、社員が20人いる会社を比べてみましょう。一般的には社員が20人でも「かなり小さな会社」といわれますが、1人の場合と比べると、管理のためにやるべきことが圧倒的に増えます。具体的には、

・給与計算、給与の支払い（振込手続きなど）
・社会保険、雇用保険などの加入手続き、年度更新などの手続き

・就業規則の作成
・年末調整、税金（源泉税）の支払い、管理
・勤怠の管理（有給休暇の管理等も含む）
・社員との面談、給与、昇格の評価など
・健康状態の把握など
・事務所選び、引っ越し、レイアウト変更等（社員が増えるたびに）
・面接、入社時の手続き、退職時の手続き
・経理処理
・個人情報の管理、社員からの情報漏えいの管理

「総務・経理」を雇うほど、1人当たりの粗利は減る！

これだけの事務をこなすためには、最低でも1人は各種処理や手続きなどを専門にこなす「総務・経理」としての人材が必要になります。

ここで再度確認ですが、1人当たりの粗利というのは、売上から原価を引いた粗利を、

社員数で割ったものです。このような**総務・経理といった間接部門の社員が増えると、その方は売上に直接関係してきませんので、1人当たりの粗利は減ってしまいます。**

「お前は何もしていない」

私が大企業の経理部門で働いていたとき、よく営業の先輩のEさん（いい人ですが口の悪い人でした）に冗談で言われたものです。

「会社は俺が売上を上げて支えている。お前は何もしていない」

冗談だとすぐわかる言葉でしたので、傷ついたりすることはなかったのですが、もし本気でそのようなことを言われたら、普通は傷ついてしまうでしょう。

このように、大きな会社では管理の手間が増大し、その結果として1人当たりの粗利が減ってしまうことを忘れてはなりません。

summary

会社を大きくすれば、管理の手間で粗利が減る

会社を大きくすると、管理の手間がかかる！

社長１人の会社

会社の粗利＝1000万円

↓

1人当たりの粗利＝1000万円

社員20人の会社

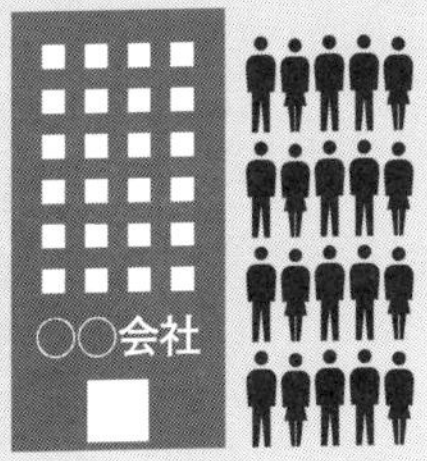

営業16人、経理２人、総務２人

会社の粗利＝1億6000万円
(1000万円×16)
※営業マン１人で1000万円の粗利と仮定します。

↓

1人当たりの粗利＝800万円
(1億6000万円÷20)

↓

**単純に会社を大きくしても、
「儲かる」わけではない！**

03

実は、スパイラル状に経費が増える！

「家賃」「人件費」が重くのしかかる

会社を1人で経営しているときは、経費はほとんどかかりません。通信費、交通費が主な経費で、それ以外は心がけ次第でいくらでも減らせます。そのため、売上があまりなくても、お金はそれほど減りません。

しかし、**規模の拡大を狙って、いったん人を増やしてしまうと、経費がどんどん増えていきます。**まず人を雇った瞬間、事務所が必要になります。自分1人でやっているときは、大した問題はないのですが、人を雇えば、そうも言っていられません。その人の働く場所を確保する必要があるからです。

事務所を借りるときには、多額の保証金や敷金が必要になります。私は、普通のアパートを借りて、郊外に事務所を構えています。ですから礼金1カ月、敷金2カ月程度で収まったのですが、普通に事務所として借りようと思えば、そうもいきません。

そもそも、事務所を探して契約しようとすると、「わりと広めで家賃が高い物件」を選ばざるを得ない形になります。さらに保証金として、家賃の10カ月分が必要、などという物件も珍しくありません。

このように、「事務所を借りる」だけで、いろいろと出費がかさんでしまうため、資金があまりない状態では、借入をしなければなりません。

一度会社を大きくすると、もう止められない！

借入をするとなると、金利負担がかかってきます。その金利を払うため、さらに売上を増やす必要があります。売上を増やすためには人員が必要で、その人員が増えると、また事務所を拡張・移転しなければならない。そうするとまた保証金がかかって、というように、とにかく経費がスパイラル状に増えていくわけです。もちろん、人件費も増えていきます。**給料はもちろん、社員の社会保険料の半分を、雇い主が負担しなければなりません。**

実はこれが非常に大きな金額になり、大変です。

一度規模を拡大してしまうと、経費もどんどん増え、それをダウンサイジングしていくのは本当に大変です。ある程度の規模で維持していくか、無限に拡大していくか、この2つの選択を迫られることになります。

「固定費」が会社を倒産させる

ちなみに、**家賃や人件費は、「固定費」と呼ばれるもので、毎月固定的にかかってくる経費です。** したがって、何かのはずみで売上が下がってしまったとき、固定費をまかなえなくなり、その果てには倒産、といったケースを何社も見てきました。会社を大きくしていくのはメリットしかないと思いがちですが、こういった側面があることを忘れてはいけません。

summary

会社を大きくしようとすると、どんどんお金がかかる

会社を大きくすると、経費がどんどん増える！

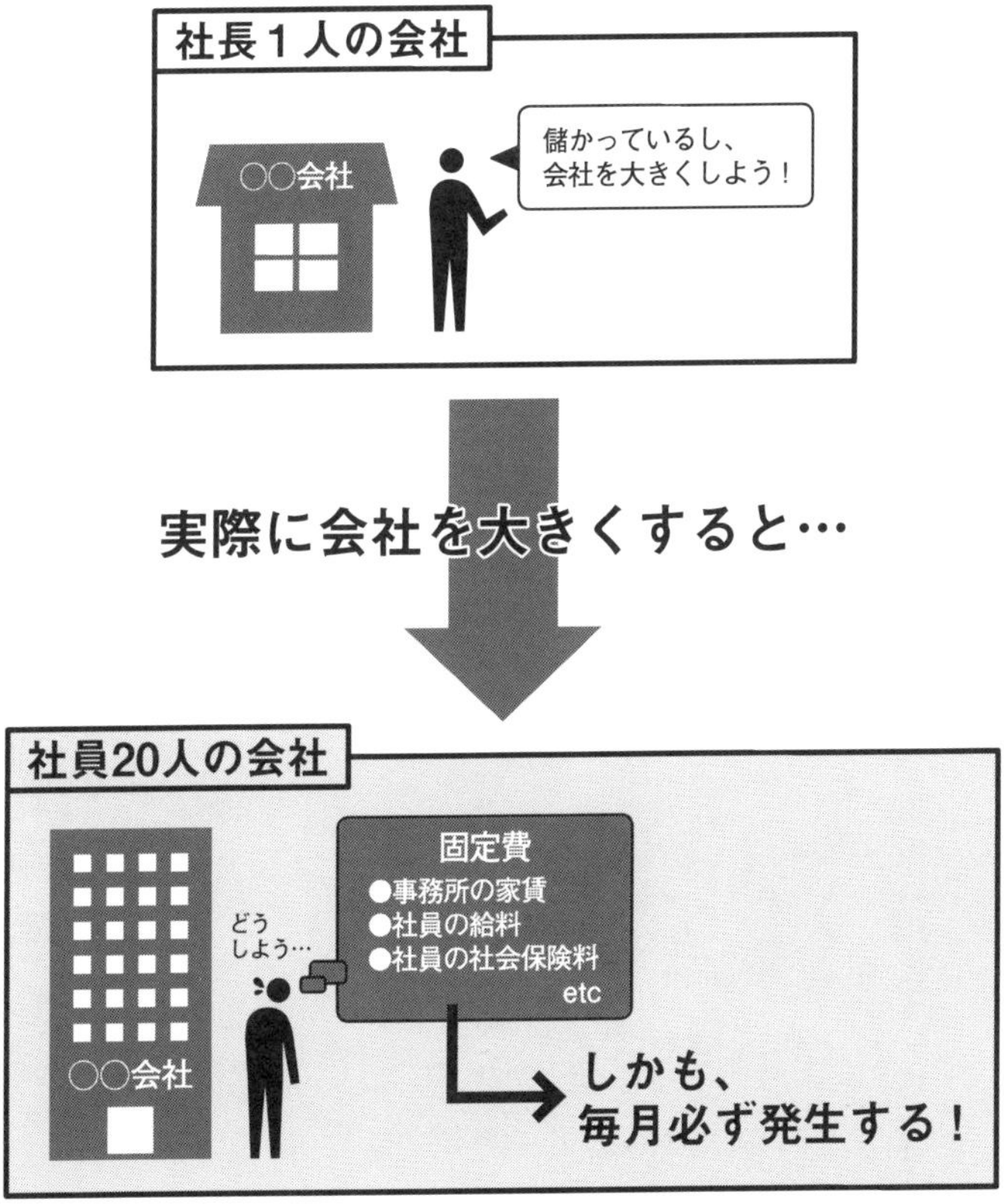

04

実は、「人同士の摩擦」で業績に悪影響が!

派閥、社内政治、大企業病 etc

社長1人の会社であれば、社長以外に誰もいないため、人との会話もありませんし、社員同士の仲が悪くなることもありません。

これが社長1人と社員1人の会社になれば、その間に人間関係が生まれてきます。社長と社員のコミュニケーションがうまくいかず、人間関係にひびが入ってしまう可能性もありますが、その場合の影響はあまり大きくありません。1対1ですので、お互いに改心すればいくらでも解決可能ですし、最悪、社員が辞めればすむ話です。

しかし、**人数が増えるにつれて、「人同士の関係」が加速度的に増えていきます。**

例えば、社長1人と社員2人の場合を考えてみましょう。

まず、「社長－社員」の人間関係が2ルート生まれます。さらに、社員同士の関係も生まれてきます。この社員同士の関係が厄介な可能性を秘めているのです。

社員2人の場合は、「Aさん－Bさん」の関係だけですので、大きな問題にはなりません。しかし、これが社員3人となると、三つどもえの関係になり、社員同士の人間関係という面では、3本のルートが発生します。4人だと6つの人間関係、5人の時点で頭の悪い私はもう数えられなくなるほど、人間関係のルートが増大してしまいます。

会社を大きくすればするほど……

人数が増えると、人間関係も複雑となり、誹謗《ひぼう》中傷や悪口など、本来会社の活動にまったく必要のないものが出てきてしまい、これが会社の業績を悪くします。

さらに恐ろしいのは、**人が増え、会社が大きくなることにより、経営者と社員の意思疎通が不十分になる**ことです。結果として、「社長にこびる社員」や「仕事をうまくサボる社員」などが生まれます。これが派閥や社内政治のもとになり、さらに進行すると、いわゆる大企業病にかかってしまいます。

ベンチャー企業として世間の注目を浴びた会社が、社員を増やして規模を大きくしたとたん倒産するのは、こうした理由もあると思います。

社長次第で必ず変わる!

その一方で、「社内で競争意識を芽生えさせるために、多少の摩擦は仕方ない」と考える経営者の方もいるかもしれません。ただ私は、「この未曾有の不況の中、会社として一致団結し、外の世界に対応していく」というスタンスのほうがいいと思っています。

一度会社の中で、どのような人間関係が築かれているか、よくチェックして下さい。**不毛な足の引っ張り合いは、社長の目を盗んで行われることが常です。**全社員とコミュニケーションをとるのは難しいと思いますが、できるだけコミュニケーションの量を増やして下さい。どこかで、異変の兆候に気づくことができると思います。

summary

会社を大きくすることで、「人同士の摩擦」が生まれる

派閥、社内政治はなぜ生まれるのか？

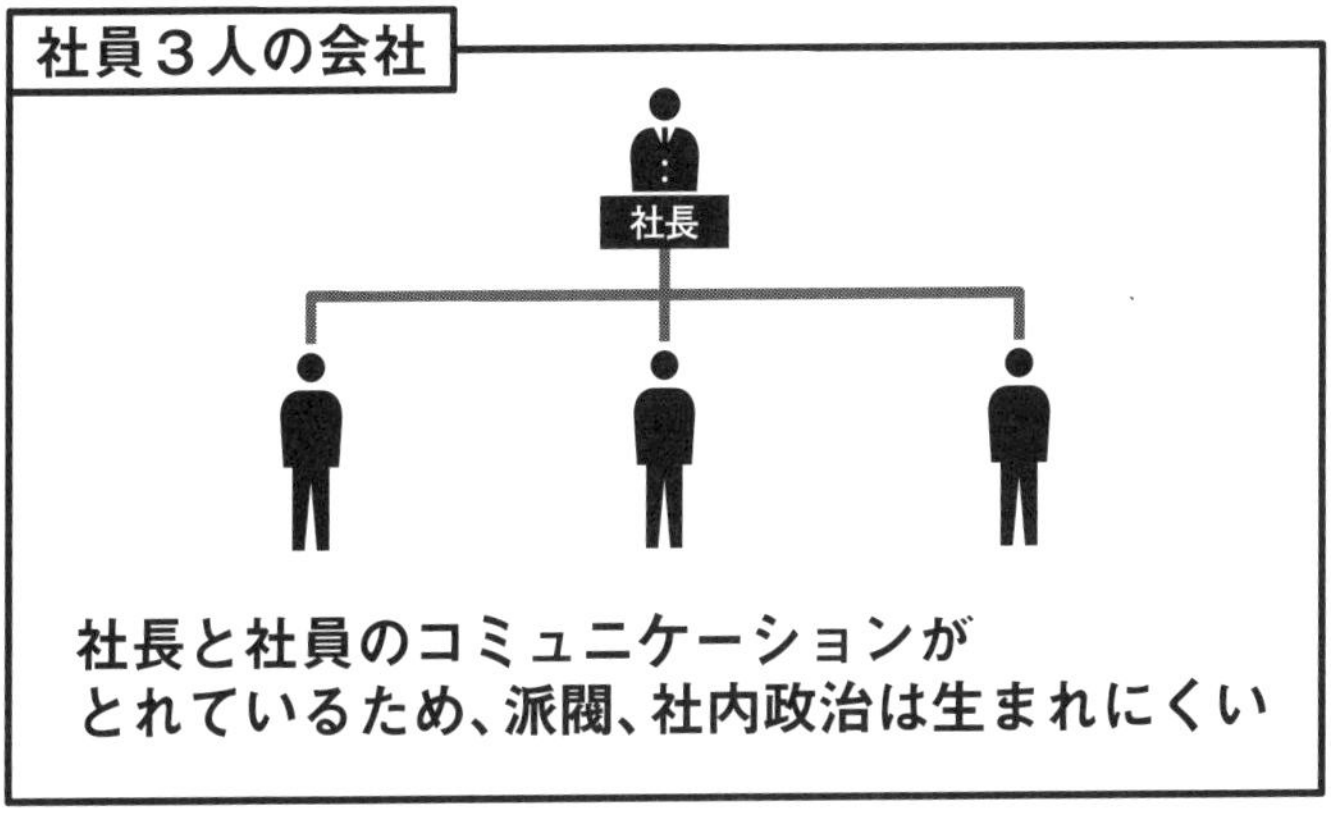
社員３人の会社
社長
社長と社員のコミュニケーションが
とれているため、派閥、社内政治は生まれにくい

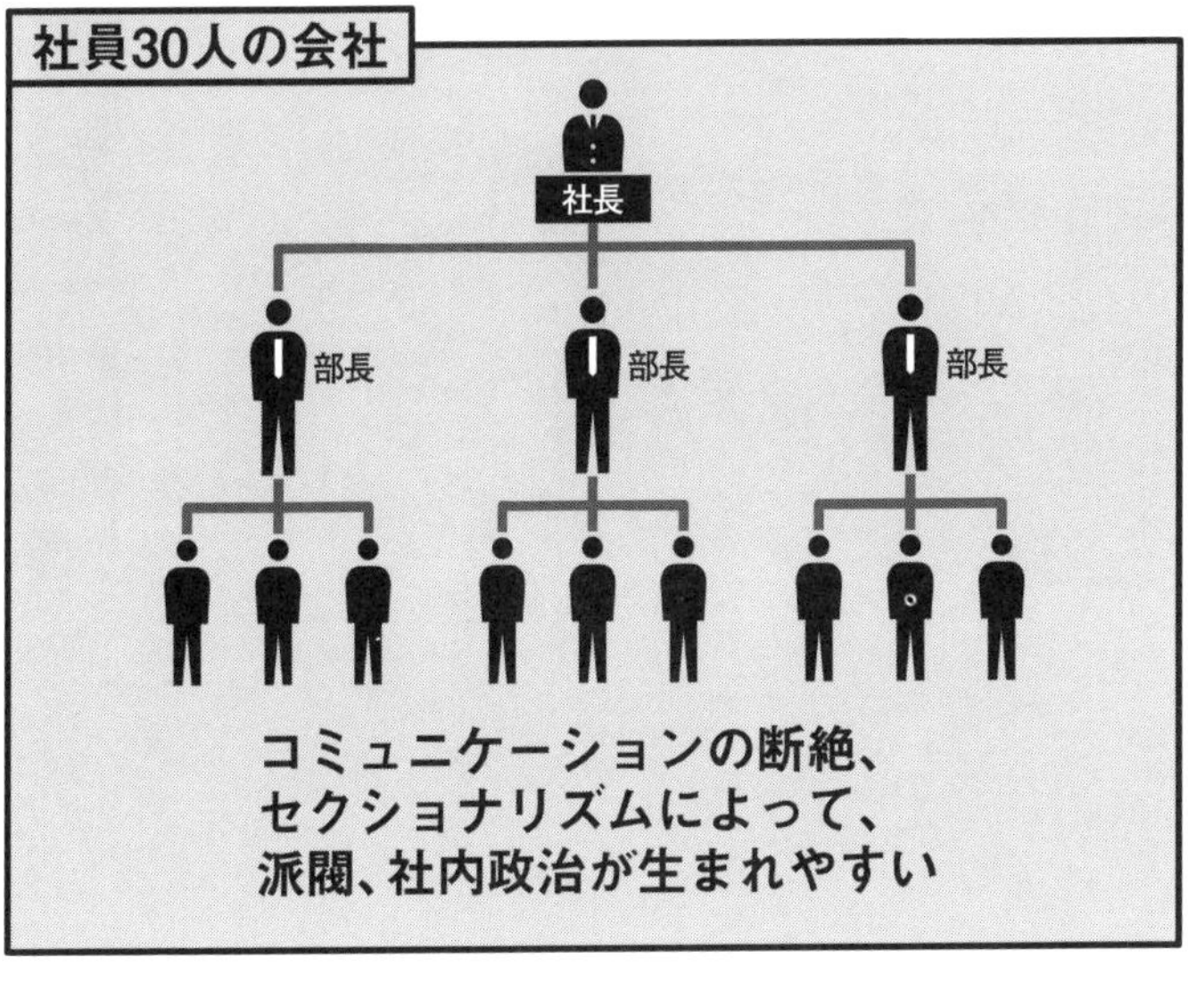
社員30人の会社
社長
部長
部長
部長
コミュニケーションの断絶、
セクショナリズムによって、
派閥、社内政治が生まれやすい

05

実は、「大きな会社」には未来がない！

大きな会社を覆う2つの暗雲

非常に刺激的なタイトルをつけましたが、「大きな会社は例外なく潰れる」ということではありません。ただ、日本や世界の今の状況、そしてこれまでの歴史から考えてみると、大きな会社には未来がないのではないか、と考えています。

そう思うようになった原因は2つあります。

①スマートフォンなどのテクノロジーの発展とfacebookやtwitterといったソーシャルメディアの台頭（これからもっと画期的なものが出てくると思います）

テクノロジーの発展により、「会社に行かなくても仕事ができる」ということが可能になり、「ノマドワーカー（オフィスに行かず、カフェ等で仕事をする人）」という言葉も、ここ数年で市民権を得ました。さらに、ソーシャルメディアの台頭により、会社の業種・業態を越えて、個人同士がすぐつながれるようになりました。集客を行ったり、事業を起こすための仲間を集めることが容易にできるようになったのです。

この結果、才能がある、もしくはやる気のある個人が、規模の小さい事業をどんどん立ち上げていくことも考えられます。

こうした流れが加速していくと、大きな会社の存続意義がどんどん薄くなってしまうのではないかと思っています。むしろ、大きいゆえのハンデ、家賃や人件費、もろもろの管理などが重くのしかかり、競争に負けてしまうのではないでしょうか。

「社員への高い給料」が重くのしかかる

②社員への高い給料と充実した福利厚生

一般的に大きな会社では、社員の給料が高く、福利厚生も充実しています。高度経済成長期に大きくなった会社は、規模が大きければ大きいほど経済成長の恩恵を受け、利益をたくさん出しました。そして社員をたくさん雇い、社員の給料についても、経済成長に合わせてどんどん高くなっていきました。

不景気でも、給料は下げられない！

しかし今、日本は未曾有の不景気の真っただ中で、回復の見込みもありません。景気が悪くなったからといって、給料を下げることはなかなかできません。**多くの日本企業は、売上が下がり続けても、給与水準は昔と大きく変わりません。**今のような時代には、「大きな会社ほど経営が厳しくなってくる」、という状況に陥ります。

私の知人が勤めている会社も、業績が悪くなり、人が余ってしまうような状態になり、営業の正社員の多数を、別会社に転籍させることになりました。会社のために一生懸命がんばってきた人がそうなると、悲劇です。そうならないためにも、将来のことをよく考えて、会社を大きくするかどうかの判断をしたほうがいいのではないかと思います。

summary

もはや「大きな会社＝安泰」ではなくなった

「大きな会社」には未来がない？

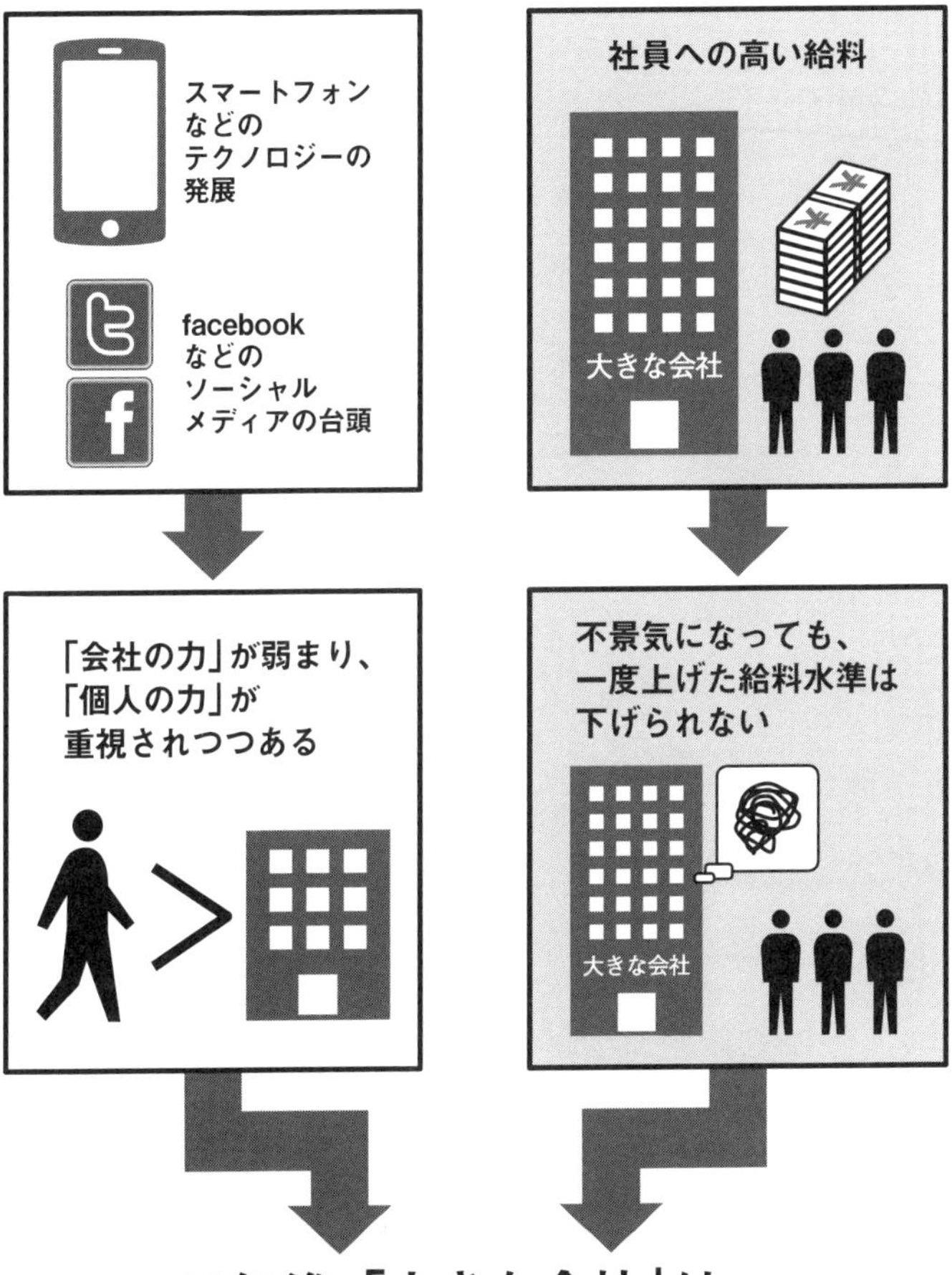
スマートフォン
などの
テクノロジーの
発展
facebook
などの
ソーシャル
メディアの台頭
社員への高い給料
大きな会社
「会社の力」が弱まり、
「個人の力」が
重視されつつある
不景気になっても、
一度上げた給料水準は
下げられない
大きな会社

**10年後、「大きな会社」は
どうなっているだろうか…**

事例 1

大企業の大リストラ

SONY（ソニー）

2012年、**1万人**の削減を発表

- 化学製品事業を売却
- テレビ部門の規模縮小を予定

パナソニック

2011年度、**3万6000人**を削減

- 国内全5工場で半導体の生産を縮小
- 全社で約90ある事業の見直しを検討

NEC

2012年、**1万人**の削減を発表

- 社員約1万6000人の月給を、4％削減することを労働組合に提案
- 中国のパソコンメーカー、レノボグループの株を売却予定

シャープ
2012年、
5000人
の削減を発表
●液晶パネルの主力工場である堺工場の株を一部売却
●従業員の賞与と給与を、時限的に減額予定
TDK
2011年、
1万1000人
の削減を発表
●国内3部品製造工場の閉鎖を発表
●有機EL事業の売却
リコー
2011年、
1万人
の削減を発表
●「リストラを拒否した従業員に対する出向命令」が無効だとして、労働審判に発展
●発光ダイオード（LED）照明事業に今後注力

第1章

会社を大きくしてはいけない「4つの理由」

06

資金繰りに一生悩み続ける

会社を大きくする限り、常につきまとう

「大きくて勢いのある会社」が、意外と大変な状況にあることがおわかりいただけたかと思います。経営が上手な社長さんならば、どんどん会社を大きくし、ガンガン儲けることができるかもしれません。しかし、私のような凡人にはなかなか難しいものです。凡人は、凡人でもできる会社経営を堅実にやっていきましょう。

さて本章では、「なぜ会社を大きくしてはならないのか」を、経営者の目線で、もう少し具体的に見ていきたいと思います。

中小企業の社長さんに「一番大変な仕事は？」と聞けば、多くの人が「資金繰りだ」と答えるはずです。

そうです。資金繰りは、とても大変な仕事です。

本来社長は、営業活動や内部の組織作りにこそ、時間を割かなければいけません。しかし、この資金繰りに圧倒的に時間をとられているのが実情です。結果、経営がうまくいかなくなるケースをたくさん見てきました。

入金が遅くても、給料は毎月発生する！

そもそも資金繰りとは何でしょうか。簡単に説明します。

会社は売上を上げて、そこから利益を出します。しかし、売上を上げるためには仕入れ代金や給料、設備の購入代金などを払わなければなりません。

売上が上がってから、時間をおいて仕入れ代金や給料を払えばいいのかもしれませんが、それはできません。

例えば売上先が大企業だった場合、入金が商品納入後の2〜3カ月後、もっと長いと6カ月後なんてこともあります。仮に売上の入金が6カ月後だったとしても、「仕入れ先に6カ月も待ってもらう」ということはできません。仕入れを円滑にするためにも、仕入れ先には早く払わなければならないのです。

このような「入金が遅い会社」を相手にしている場合はもちろん、それほど入金が遅くない会社でも、資金繰りは大変です。**給料なども、決まった日にキッチリ払わなくてはいけませんし、家賃や利息も同様です。**

一度ハマると、二度と抜け出せない！

私の経営する税理士事務所は、雇っている人数が最大6名（私を含めて7名）だったことがあります。そのときに悲惨なことがありました。給料日に資金が足りず、子どもの名義で少しずつ預金していた口座から資金をまわしたのです。あとで余裕があるときに戻せば何ら問題はないと思いますが、そのときは心が痛みました。そして、資金繰りの怖さを、身をもって知ることになりました。

漫画、『ナニワ金融道』で有名な青木雄二さんも、印刷会社を経営していたときに、規模が大きくなって、「資金繰りがホンマに大変やった」と著書に書かれています。「勢いがあって伸びてるように見える会社も、内部は悲惨なもんや」とも。

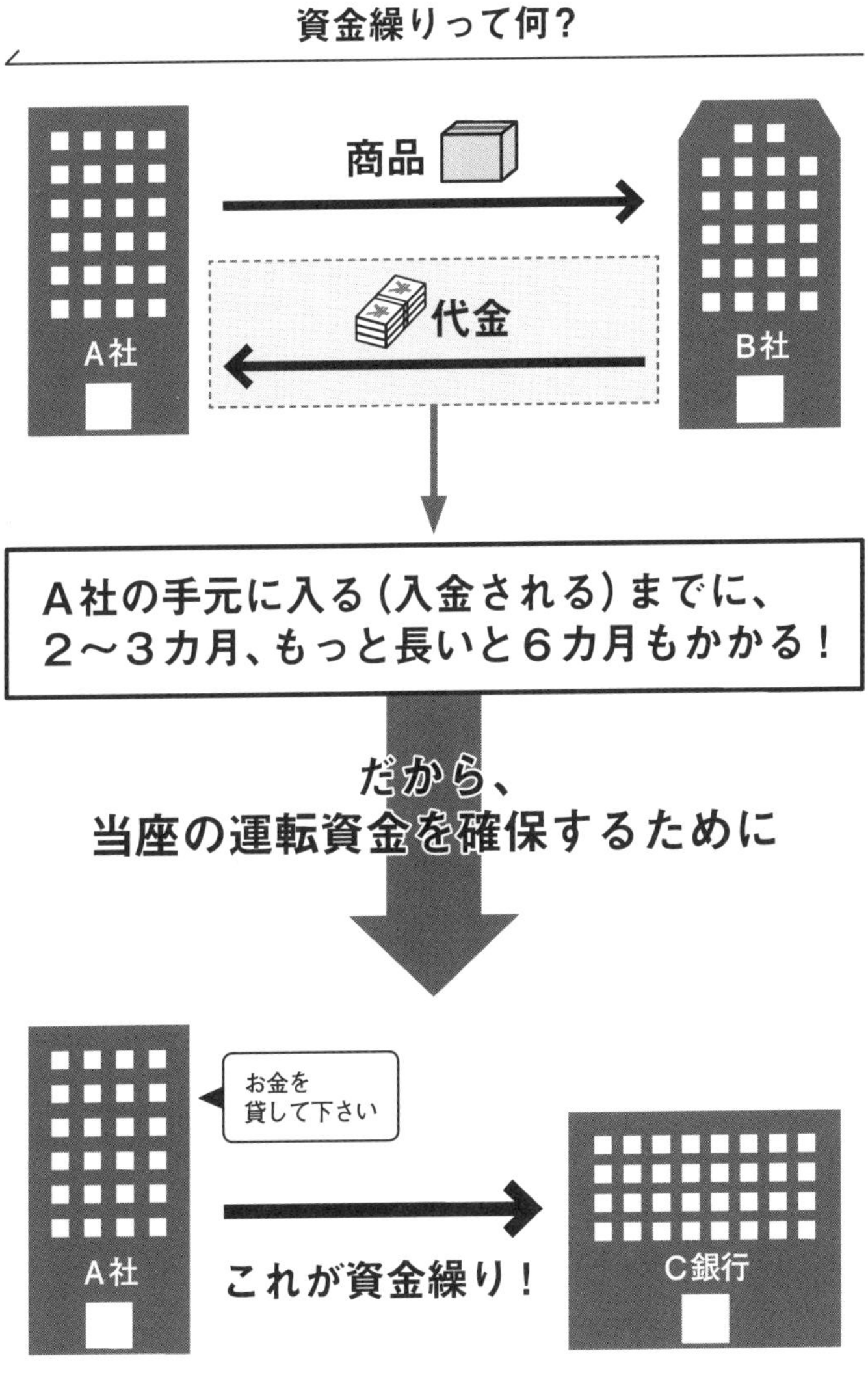
資金繰りって何？
商品
代金
A社
B社
A社の手元に入る（入金される）までに、
2～3カ月、もっと長いと6カ月もかかる！
だから、
当座の運転資金を確保するために
お金を
貸して下さい
A社
これが資金繰り！
C銀行

その通りだと思います。**いったん資金繰りが大変になってしまうと、売上が急に伸びる、あるいは利益率が急激に高くなるなどしなければ、ずっと大変なまま**です。社長は資金繰りに時間を割かれ、経営どころではなくなってしまいます。

銀行も助けてくれない！

資金繰りが厳しくなると、売上を増やさなければならず、売上を増やそうと思うと人員を増やして、と、序章で説明したようなスパイラル状に経費が増えていくことになりますので、さらに資金繰りが大変になります。

銀行から簡単に借りられればいいのですが、それほどことは、たやすくありません。銀行からの借入をスムーズに行うためには、矛盾しているかもしれませんが、「借りる必要のない」ときに借りるのが一番いいのですから。

summary

資金繰りが大変にならないよう、気をつける

なぜ資金繰りは大変なのか？

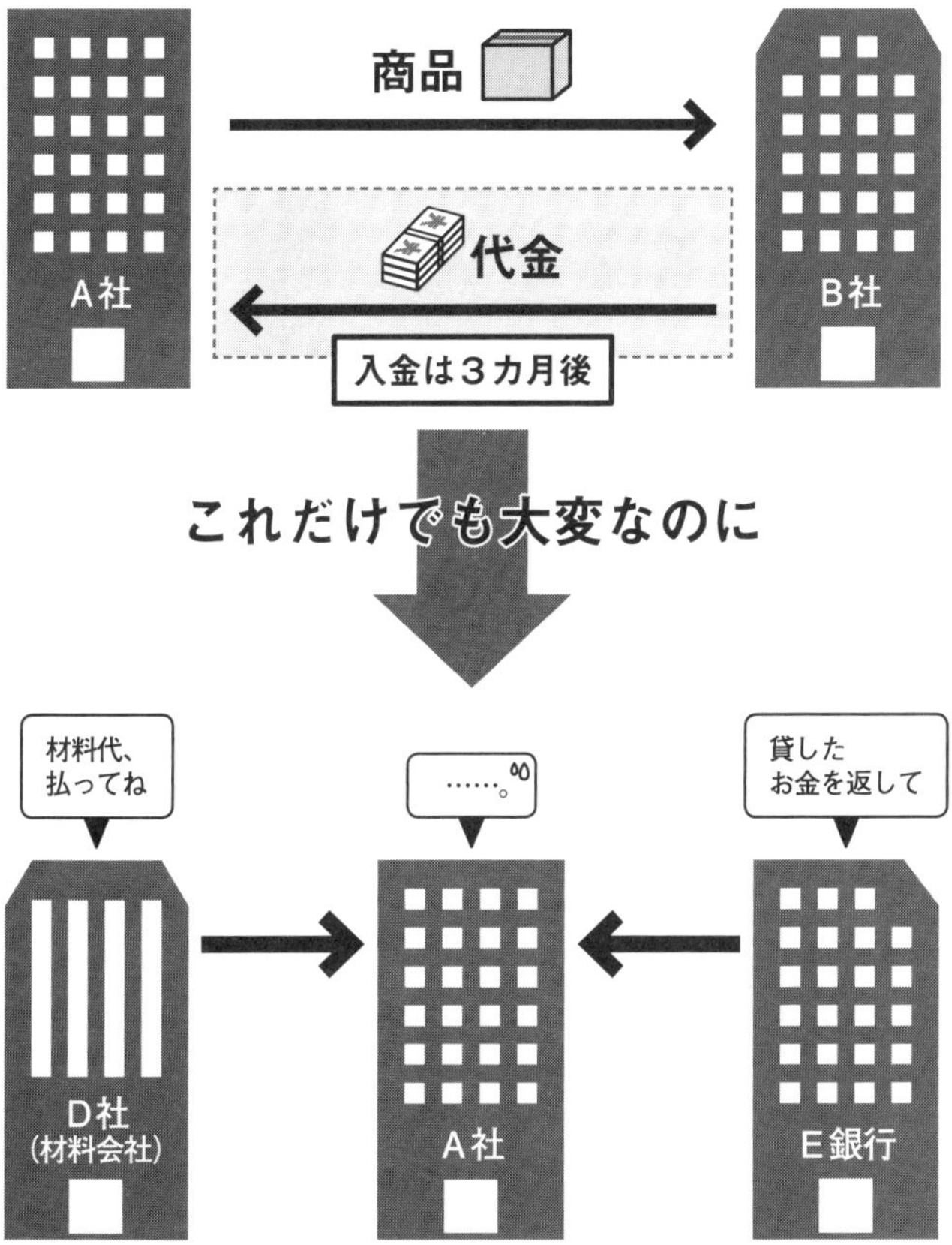
商品
代金
A社
B社
入金は３カ月後
これだけでも大変なのに
材料代、
払ってね
……。
貸した
お金を返して
D社
(材料会社)
A社
E銀行

とにかく資金繰りは大変！

07

一生「大きく」しなければならなくなる

「人を雇う」「事業拡大」はもろ刃の剣

拡大志向で社員をたくさん雇い、いったん会社を大きくしてしまうと、そのあとは際限なく会社を大きくしていかなければならなくなります。

端的にいえば、**「人を雇う→各種経費がかかる→赤字になる→さらに売上を上げなければならない→新しく人を雇う」**という流れから抜け出せなくなるからです。

まず、人をたくさん雇ってしまうと、人件費が多くかかります。人件費とは、給料だけではなく、社会保険料や労働保険・雇用保険料なども、給料に比例して多くなります。

例えば、毎月の給料が30万円、ボーナスが夏冬2カ月分ずつ出る社員（年収でいうと480万円）について考えてみましょう。業種やその社員の年齢、場所によっても違いますが、会社が負担する社会保険料は、およそ70万円にもなります（給料の約14％弱）。したがって、年収480万円の人には、実質550万円のお金がかかっているのです。

社員の給料も上げ続けなければならない

それだけではありません。序章でも書きましたが、まずは家賃。人が増えるとすぐに手狭になり、広い事務所に行かなければなりません。社員が多いと、場所的にも便利なところに事務所を構えなければならなくなるため、その面からも負担が増えます。

それ以外にも、パソコンなどの電子機器、コピー機などもそうです。「ペーパーレス」と叫んだところで、社員は勝手にコピーやプリントをしてしまうものです。

また、**人を増やしていくと、売上を確保するために、事業の拡大を迫られます。**それに伴って、初期費用が必要になったり、社員のポストを増やしたりと、こうした点からもお金が必要になります。

このように、社員増加に伴って、経費がどんどん増えていきます。経費が増えても、売上が上がらなければ、赤字になり、経営も苦しくなります。

さらに、**社員の給料も上げていかなければなりませんし、常に売上を、前年より増やしていかなければなりません。**売上を安定的に増やすには、どうしても人を増やす必要があり、「会社の維持」という観点からも、会社を大きくしていかなければならないのです。

「マネジメント能力のある部下」はいますか？

一生拡大し続ける組織を維持できる能力があるのなら、それをやっていただくのがよいかと思います。しかし私を筆頭に、多くの経営者は、そんな能力を持ち合わせていないのではないでしょうか。また、会社を立ち上げてうまくいく人は、創業者としての能力は高いのですが、人をマネジメントするのが苦手、という人が多いように感じます。自分の部下に、「人をまとめるのが得意」という人がいなければ、際限なく大きくなっていく組織をまとめていくのは難しいと思います。

summary

「一度大きくすれば、小さくするのは難しい」と知る

一度会社を大きくすると、止められなくなる

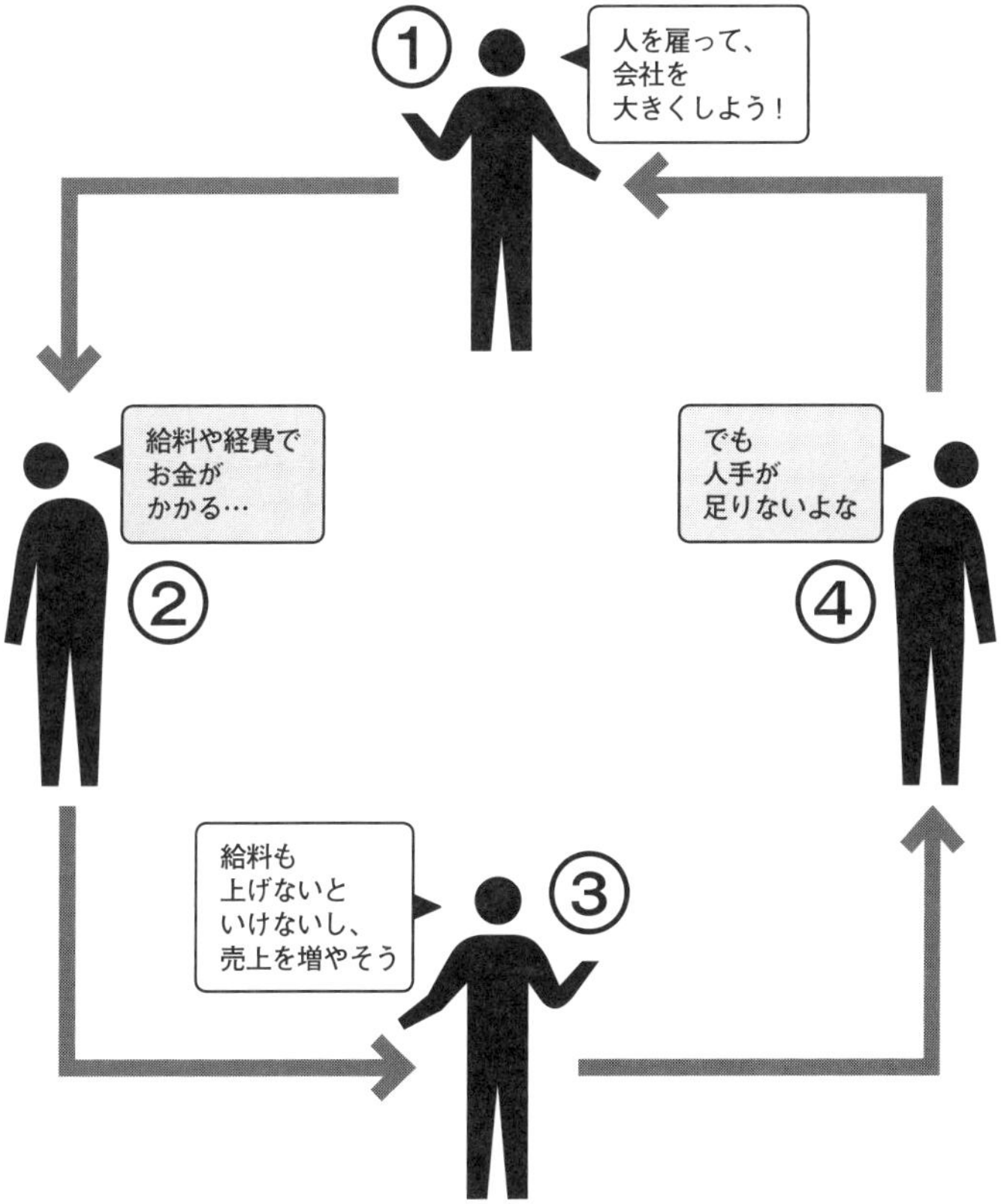
①
人を雇って、
会社を
大きくしよう！
②
給料や経費で
お金が
かかる…
③
給料も
上げないと
いけないし、
売上を増やそう
④
でも
人手が
足りないよな

**会社を維持するためにも、
大きくするしかなくなる！**

08

「右肩上がりの時代」はもう来ない

少子化、高齢化が拍車をかける

第二次世界大戦後、日本の経済は高度成長期を迎えて、ずっと右肩上がりで成長してきました。しかし、バブルが崩壊したあとは、低迷を続けているのは周知の通りです。

これから再度の成長に期待したいところですが、それもなかなか難しいのではないでしょうか。人口動態の面から考えても、今後経済が順調に成長していくことは厳しいと思います。

ハリー・S・デント・ジュニア氏の研究によると、**「消費支出が多い40代後半の人口が多いときに景気が良くなり、少ないときに景気が悪くなる」**そうです。日本の場合、40代後半の人口と株価はこれまでよく連動していたようで、バブル崩壊も予測できたようです。

日本のバブル景気を支えたのは団塊の世代（1947－1949年生まれ）で、別名、第一次ベビーブーム世代です。この世代の年間出生数は250万人を超え、3年間の合計は約806万人。ちなみに、2011年の出生数は105万人です。

このセオリーをそのまま使うと、1971年から1974年くらいまでに生まれた人（団塊ジュニア世代）が、40代後半を迎える2016年から2023年くらいは好景気になりますが、そのあと再び景気は悪くなっていきます。

「働く人」は減り続ける！

これが当たるかどうかはわかりませんが、現実的に考えて、日本は今後超高齢化社会になることが見えていて、働き盛りの人が少なくなり、年齢の高い人がどんどん増えていきます。そう考えると、「右肩上がりの経済」になるとは到底考えられません。

会社のことを考えたとき、**これからあと10年程度、人を増やして売上を増やし、会社を大きくしていくことは可能かもしれません。ただ、それができたとしてその後どうするのか、**という問題が残ります。

「うちは大丈夫」は通用しない！

また中小企業は、直接の取引先が景気に影響されない会社でも、その「取引先の取引先」が景気に左右されて売上が落ち、結果、影響を受けるということが多々あります。「うちは景気に左右されないから大丈夫」ということは、現実的にはありません。

2008年ごろのリーマン・ショックのときもそうでした。あまり景気に左右されることのなさそうな会社であっても、立ち行かなくなってしまったことがありました。

以上のことを考えてみても、景気が今後あまり良くならないと思われる中で、**「人をどんどん雇って規模を大きくし、売上を増やしていき、利益を出し続けること」がいかに大変なことか、**おわかりいただけるかと思います。そうであれば、小さな会社で柔軟に対応し、利益を増やしていったほうが賢明ではないかと私は考えています。

summary

「右肩上がり」という発想を捨てる

少子高齢化が重くのしかかる

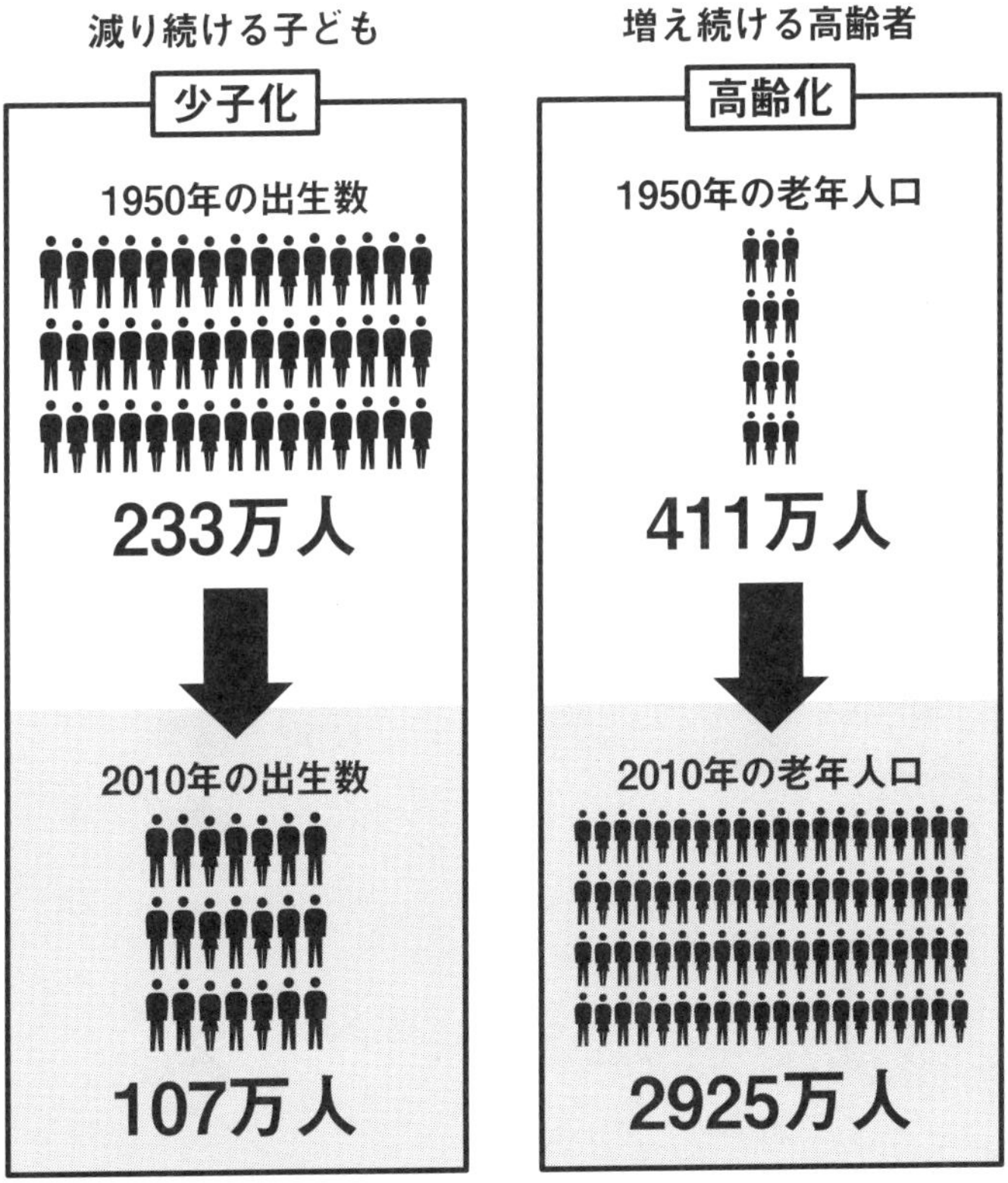

もはや「右肩上がりの時代」は来ない！

出典：総務省統計局

09

上場には、3つのデメリットがある

メリット・デメリットをてんびんにかける

会社をどんどん大きくしていき、上場を目指す人もいると思います。**「今はそれほど大きくないけど、将来上場できるくらいの規模にしたい」**という目標を持っている経営者の方も多いかと思います。ここでは、その「上場」について考えてみましょう。

2000年代に入ってすぐくらいのころだったと思いますが、「株式上場ブーム」なるものが起きました。ソフトバンクや楽天、ライブドアといった、若く勢いのある社長が率いる会社が急成長して株式を公開し、どんどん大きくなっていきました。それを見た若者が、「次は私だ!」ということで会社を作り、株式の上場を目指してがんばる、という図式ができました。

私が起業した当時（2004年）も、まわりでは「上場を目指しています」という人が多く、「IPO（株式公開）で儲けて、あとは悠々自適に生活したい」という人もたくさんいたように感じます。

今は、それほど勢いのある起業家が目立たなくなったような気がしますが、実際、「起業をしたからには、上場を目指してがんばる」というのは、どうなのでしょうか。

上場すればお金は集まる。でも……

上場をするのは、基本的には「資金を広く、多く集めること」が目的となります。上場していない中小企業は、その存在を一般の人に知られていませんので、資金を集めるのが困難です。社長個人が資金を出すか、金融機関から借りるか、というのがメインの資金調達方法になります。

最近では、「私募債」（社債のようなもので、中小企業が発行する債券）という制度もあるにはあるのですが、運用が難しく、なかなか使われていません。

そこで、「上場」（もしくは、株式の公開）をして、世の中に広く会社の存在を知ってもらい、その経営理念や製品などを支持する人や、その会社に投資して儲けたい人から資金を調達するのです。上場すれば、かなりの資金が集まってきます。

また、上場にあこがれる若い経営者は、「上場益によって巨額のお金を得ること」も思い描いているかもしれません。会社設立時は、社長がほぼ100%の株を持っている場合が多いため、その株式に値段がつき、その値段はもともと出資した金額よりもかなり大きくなる場合がほとんどです。なぜならば、**上場できるくらいの会社は、たくさんの利益を蓄積しており、それによって株式の価値が大きくなる**からです。

こうして、価値が大きくなったその株式を、一般の投資家に公開して売ることで、巨額の富を得ることは可能なのです。

実は、上場にはお金がかかる！

しかし、上場にはメリットばかりではなく、デメリットもあるということを忘れてはなりません。

大きなデメリットは3つあります。

まず1つ目は、**上場するための準備にかかる手間や経費が膨大**なことです。上場準備には数年かかり、上場をサポートする会社や公認会計士などに多額の報酬を支払わなければなりません。上場の維持も含めれば、数千万円かかることも珍しくありません。「何とか上場はできたけど、経営が苦しくなった」というふうに、小さな会社は経営状態が悪くなることさえもあるのです。

乗っとりのリスクがある!

2つ目のデメリットは、上場すると、社長の持っている株式の割合が小さくなるため、**M&Aや、株式の投機的取引により経営権を他人に握られる可能性がある**ことです。

もともと会社を立ち上げるときに、「上場して、あとは経営を誰かに任せたい」「上場益を得て、また新しい事業を立ち上げたい」という目的があるのならばいいのですが、そのような目的で会社を作る人はあまり多くないのではないでしょうか。また、そのようにうまくやれる人はひと握りです。「会社を立ち上げたら、その会社の経営は自分でやっていきたい」という人がほとんどだと思います。

常に成長を要求される！

3つ目は、**市場の目にさらされ、株主から成長を要求される**ことです。成長の要求、これは平たくいえば、「会社を大きくして、その利益を株主に還元し続けろ」にほかなりません。それは「右肩上がりの経済」が破たんしつつある今、厳しいと思います。

2011年、カリスマ編集者、見城徹氏の立ち上げた幻冬舎が上場を廃止しました。また、「TSUTAYA」で有名なCCCも、2011年、上場を廃止しました。それぞれ上場廃止を決めた理由は細かくあるかと思いますが、「右肩上がりでなくなった時代に合わせて」も理由の1つではないかと思っています。

以上の理由から、会社をどんどん大きくして、上場を目指していくことに、私はあまりメリットがないと思っています。

summary

上場のメリット・デメリットをよく理解する

上場の３つのデメリット

①とにかくお金がかかる

あぁ…
消えていく…
公認会計士や上場サポート会社への
支払いは、数千万円になることも！

②乗っとりのリスクがある

上場会社
M＆Aを
しかけよう！
いい会社
だから
手に入れたい

③株主から成長を求められる

上場会社
もっと
配当をよこせ
もっと
会社を大きくしろ
株主
株主

第2章

小さくても儲かる会社、「７つのルール」

10

「ラク・トク・正しい」が売れる条件

小さな会社の売れるマーケティング①

第2章では、「小さくても儲かる会社」を作るために、粗利をどう増やしていくか、ということについて考えていきたいと思います。

粗利を多くするためには、①売上を多くすること、②粗利率を上げる（原価率を下げる）ことが必要です。まず、売上を多くする方法を考えてみましょう。

売上を多くするために大事なのは、「マーケティング」です。

マーケティングにはさまざまな定義がありますが、ここでは「顧客に興味を持ってもらえる商品・サービスを作り、それを世の中に広めていく」としておきます。

では、小さな会社ではどのようにマーケティングをしていけばいいのでしょうか。

マーケティングというと、「大きな広告を打つ」「ネットなどのＩＴを活用する」といった宣伝手法に目が行きがちですが、もっと必要なものがあります。

顧客を「気持ちよく」させよう

まず考えるべきは、顧客ニーズです。シンプルにして、非常に大切なルールです。

私たちはどうしても「自分が作りたいもの」「自分が好きなもの」を作ってしまい、「これはいいものだから売れるはずだ」と考えがちですが、大きな間違いです。

顧客は、自分が「ラク」で「トク」になるものしか、買ってくれません。

例えば食事で考えると、「自宅まで迎えに来てくれて、食事もおいしく、それでいて価格がほかの飲食店より安い」というお店があれば、そこを選びますよね。これは極端な例かもしれませんが、「ラク」で「トク」なものを、顧客は買ってくれます。

言い方を変えると、顧客を「気持ちよくさせる」、ということです。

また、**顧客は、「自分がそれを買うことは正しい」ことを求めます。**例えば、飲食店で考えてみます。どんなに安くておいしいお店であっても、「実は経営者が、法律に触れるような食品を扱っている」というニュースが広まれば、そのお店は一瞬でさびれてしまうでしょう。つまり、**商品・サービスが「ラク」で「トク」であっても、顧客に「正しくない」と思われてしまってはダメ**だということです。

「科学」や「権威」も利用しよう

だから、「あなたがこれを買うことは間違っていないのですよ」ということをアピールする必要があります。買った人が、自分が買ったことに対して「自分は正しいんだ」と思えるような工夫をして下さい。

あなたがかかわっている仕事、もしくはこれからやろうとしている仕事において、「ラク」で「トク」、そして「買うことが正しいものである」という商品を考えて、作ってみましょう。繰り返しになりますが、磨くべきは商品そのもので、宣伝手法ではありません。

summary

顧客ニーズをもとに、商品・サービスを考える

顧客の心をつかむ3原則

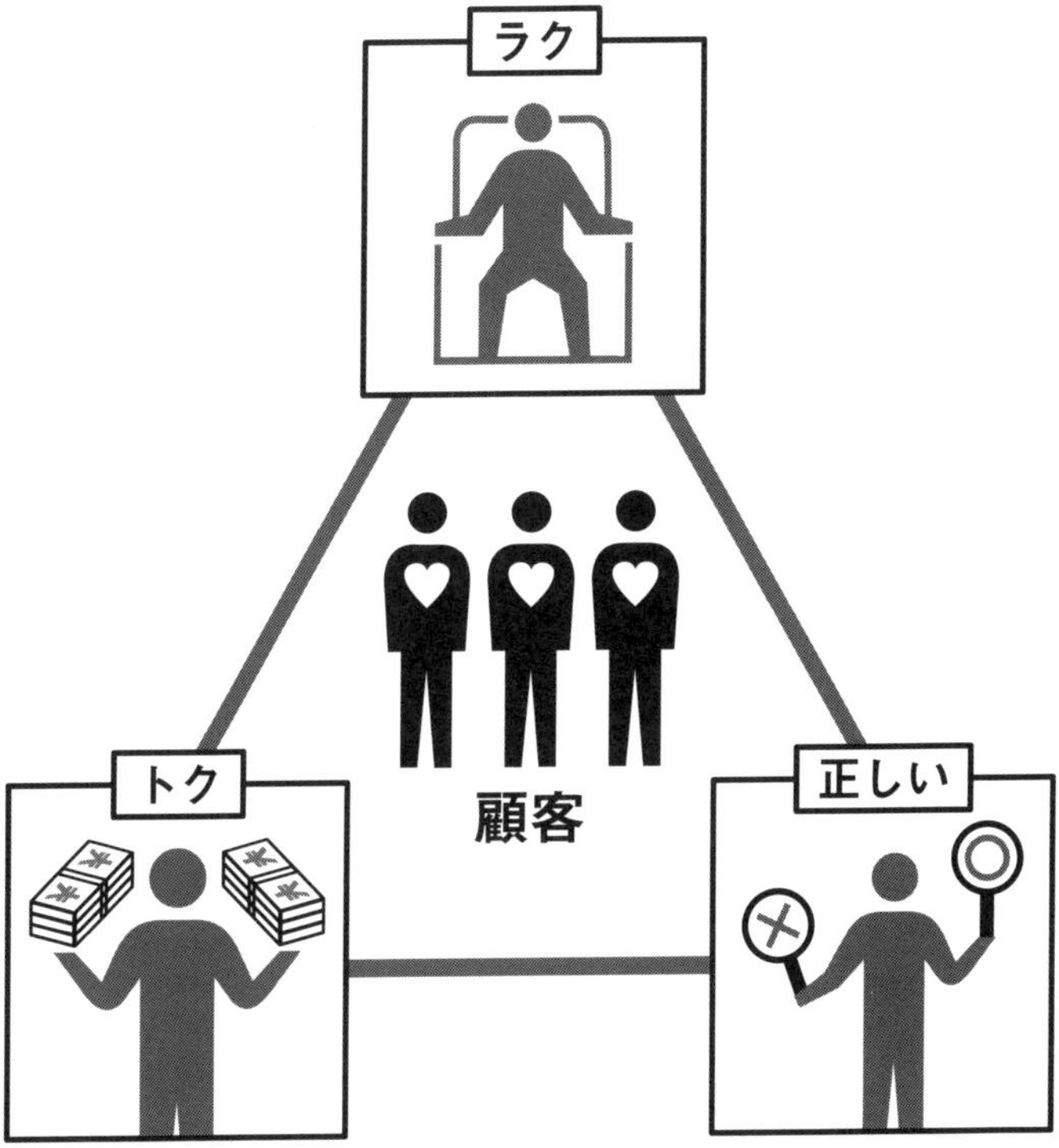

商品・サービスに
ク・トク・正しい」を盛り込もう！

事例 2

「ラク・トク・正しい」の商品・サービス

「ターゲットの悩み」から
商品・サービスを
考える

商品・サービスを
「比較」させ、
魅力的に見せる

「科学的な保証」
「権威」を
商品・サービスに
添付する

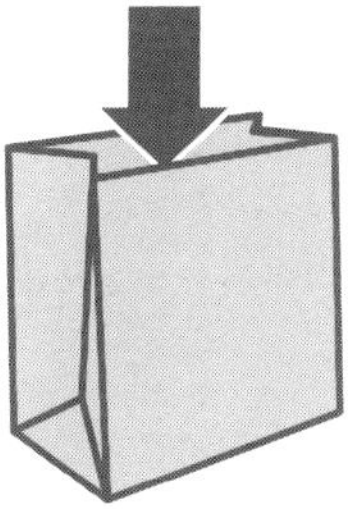

パッケージ商品（旅行など）

「自分で予定を組む」
といった面倒なことを、
代わりにしてあげることで
需要が生まれた

グルーポン

GROUPON

共同購入型
クーポンサイト。
正規の価格より安く、
商品やサービスが
購入できる

ヘルシア緑茶

特定保健用食品。
茶カテキンを
豊富に含んでおり、
脂肪が
燃焼しやすくなる

11

「小さなナンバーワン」を常に目指す

小さな会社の売れるマーケティング②

マーケティングにもう1つ大事なことがあります。それは、「差異」です。ほかとの差ということです。「ラク」で「トク」なものであっても、ほかでも作っているような商品であれば、なかなか売れません。したがって、「違い」を作る必要があります。

その「差異」を作るのは、容易ではありません。ですので、小さな会社では、差異を作る際には「分母と分子」に焦点をあてて下さい。

まずは分母となるものを設定します。**分母は、世の中全体ということではなく、例えば「○○市内」とか、「○○業界で」のように、狭い範囲にしましょう。** その中での差異を考えるのです。その分母の中で、一番になるものを考えます。

例えば、**「○○市内で唯一の高齢者向け宅配弁当」や「熟年層のみに絞った旅行会社」や「税理士業界で、小さな会社のサポートをさせたら日本一」**といったイメージです。

最初は絞って、あとから広げる

そうすれば、その分母の中であなたの商品が売れることになり、売上も増えていきます。分母の中で商品が売れれば、それを少しずつ水平展開していくことで、ほかの分母にも売ることができます。そうすると、もっと売上が増えますよね。いつか日本で、いや世界で、唯一あなたにしかできないことが生まれるかもしれません。

まずは「ラク」で「トク」、そして「正しい」商品を作り、それを設定した分母の中で売っていくということを考えてみましょう。あなたの扱っている商品・サービスなどの中からそれを探し、工夫をつけ加えてみて下さい。必ず売上が増えていきます。

summary

何でもいいから一番になることを考える

事例 3

小さなナンバーワンの作り方

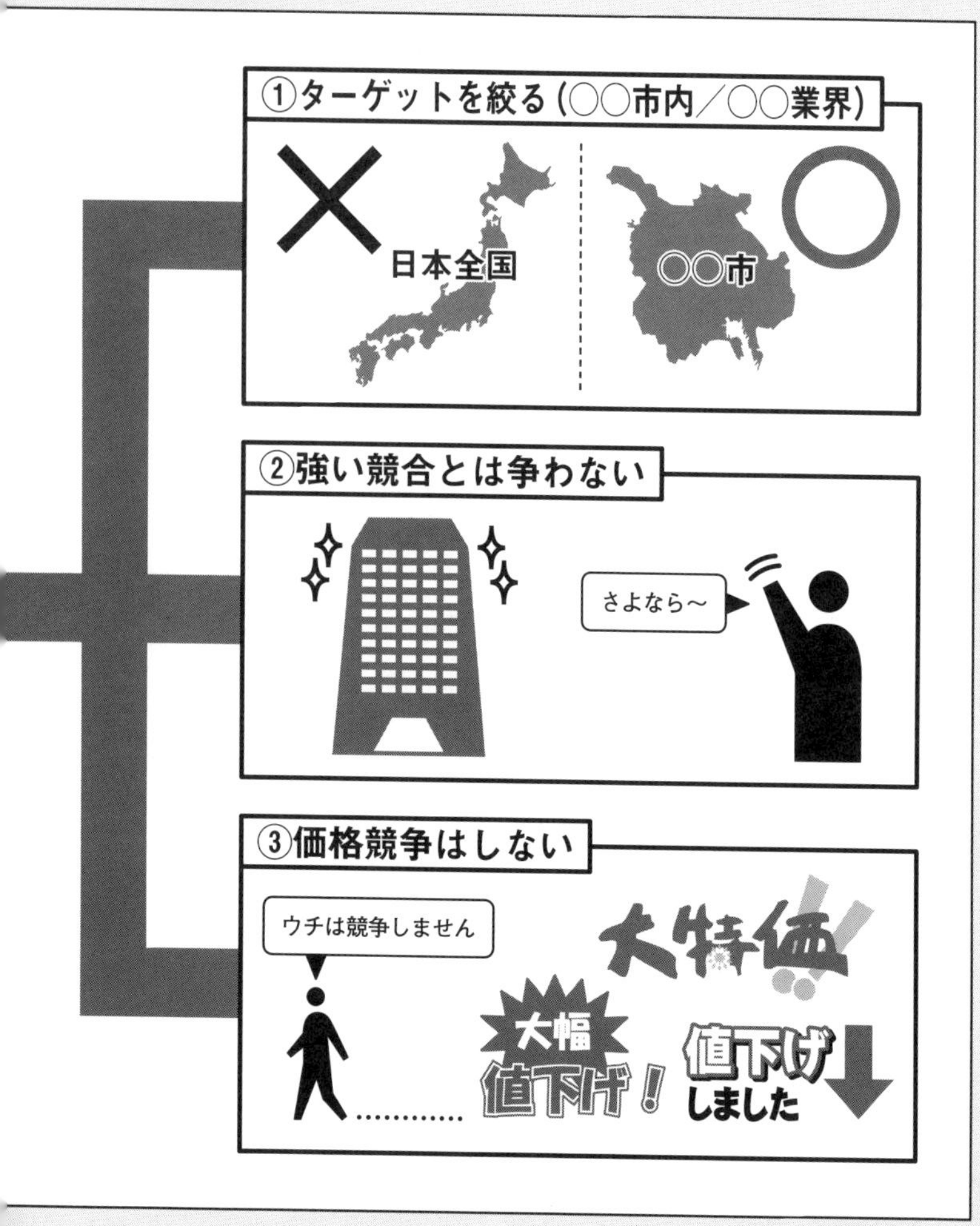

①ターゲットを絞る（○○市内／○○業界）
日本全国
○○市
②強い競合とは争わない
さよなら〜
③価格競争はしない
ウチは競争しません
大特価
大幅
値下げ！
値下げしました

○○市内で唯一の
「高齢者向け宅配弁当」
宅配弁当
サービス
お弁当の
お届けです！
こりゃ
便利だなぁ
宅配弁当
サービス
助かるのぅ
□□県で唯一の
「資金繰り専門の税理士」
資金繰り専門
資金繰りなら
おまかせ下さい！
助けて下さい!!

12

儲かる、儲からないは「これ」で決まる

業種によって原価率は決まっている

次は粗利を決めるもう1つの要素、「粗利率」について考えてみたいと思います。

繰り返しになりますが、1人当たりの粗利は、売上から、売上を上げるために必ずかかる費用（原価）を引いたものを社員数で割ったものです。そのため、「売上が多く、原価が少なく、社員数が少ない」とその数字は大きくなります。

ただ、その要素のうちの1つ、原価についてだけは、どんな商売をやるかによって、ある程度決まります。というのも、「原価率が何％なのか」ということは、商売の種類によってある程度決まっているからです。

いくつか例を挙げてみましょう。例えば、**経営コンサルティングや私たちのやっている**

士業（資格商売）などは、原価率がほぼゼロです。売上を上げるために必ず必要な費用は、ほとんどありません。資格を維持するための費用（会費など）や、知識を仕入れるための本代などは原価になるかもしれませんが、それ以外はほとんどかかりません。

売上5000万円。でも粗利は？

次に、サービス業の中でも飲食業はいかがでしょうか。飲食業の原価率（仕入率）は、大体25～35％くらいなどとよくいわれます。「1000円の食事」であれば、材料費は約300円ですね。もちろん、大衆食堂から超高級レストランまでピンキリですので、一概に30％くらいとはいえないのですが、基準はそれくらいと考えて下さい。

ではコンビニなどの小売業はどうでしょうか。よくいわれるのが、大体60～80％という数字です。**300円のものを売るために、仕入に支払う金額が約200円**です。あまり利幅がとれないため、たくさん売上を上げることが必要になります。

ここで1つ考えていただきたいのは、「同じ粗利を得るためには、業種によって必要な売上の金額が違ってくる」ということです。**1000万円の粗利を得るために、経営コン**

サルタントなら約1000万円の売上で大丈夫ですが、コンビニで原価率が80%とすれば、5000万円の売上が必要です。

コンビニは原価率が高く、人手も必要

売上をそれだけたくさん上げるということは、人の力もたくさん借りなければなりません。コンビニで、社長1人でやっているようなところはありませんよね。あったとしても、レジに行列ができて、商品の補充もできず、大変なことになるはずです。

ここで言いたいのは、「粗利率が高い（原価率が低い）商売が良くて、粗利率の低い商売が悪い」ではありません。

会社を大きくせず、規模の小さい商売をするのであれば、必然的に粗利率の高い（原価率の低い）商売をやったほうがいい、ということです。

summary

原価率の低い業種を選ぼう

原価率は、業種によって決まっている

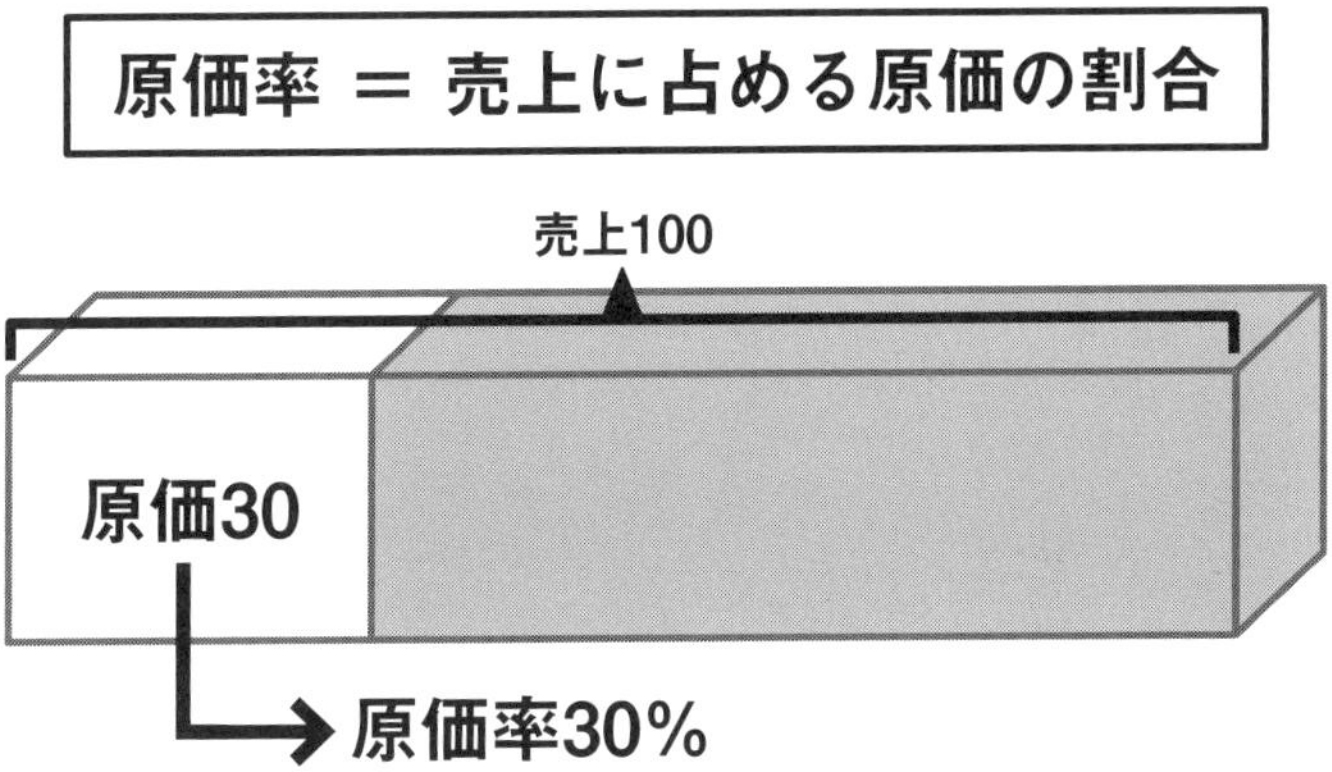

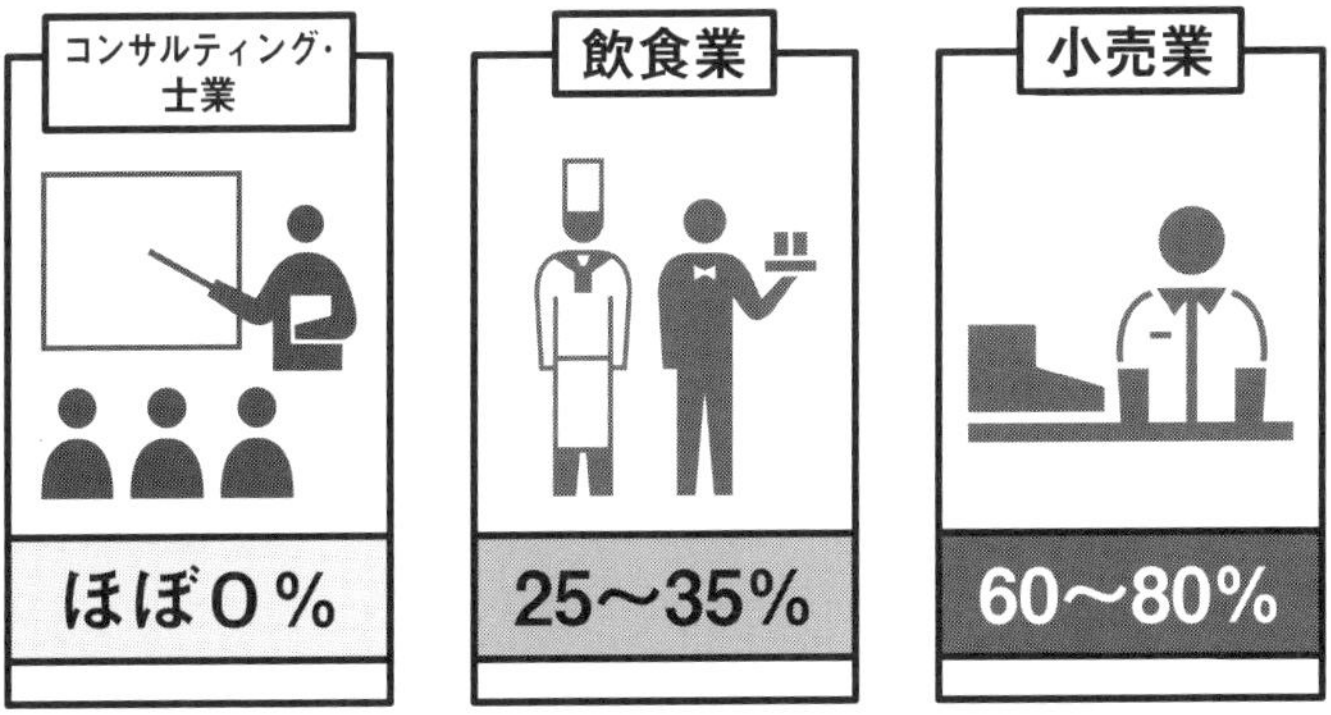

13

1人当たりの粗利、その最低ラインは？

まずは2000万円。さらにもっと上を目指そう

マーケティングをして、売上を上げることができたら、今度は粗利を確保しなければなりません。

ただし重要なのは、1人当たりの粗利です。**たくさん社員を増やして粗利を増やしていったとしても、1人当たりでどれだけ稼げるか**を考えなくてはなりません。

小さな規模の会社では、大企業に「粗利の絶対額」で勝てるわけがありませんので、1人当たりの粗利で勝たなければなりません。序章でもお話ししましたが、大きな会社では、次のような内向きのパワーが使われるため、小さな会社よりも1人当たりの粗利という意味では、不利になります。

・会議があちらこちらで長時間行われる
・社内政治、社内の派閥などにパワーが使われる
・社員が増えるごとに、給与や勤怠管理をはじめとする事務作業が増える

逆にいうと、1人もしくはかなり少人数でやっているような会社であれば、パワーを外側に向けていき、売上を上げて、さらに粗利を増やしていかなければなりません。

大企業よりも上を目指す！

では、1人当たりの粗利は、いくらくらいを目標にすればいいのでしょうか（補足ですが、1人当たりの粗利を計算する際、実質的な労働力を加味して、パートやアルバイトの人員は0・5人としてカウントして下さい）。

まず1人当たりの粗利は、2000万円を目指して下さい。私が大企業の決算書などしてリサーチした結果、大企業では大体1000万円くらいが中心で、それところもありますし、1500万円程度くらいまでの会社が多いように感じます。

より高い粗利を得るには？

もちろん、3000万円や4000万円など、素晴らしい会社も多数存在しますが、上場しているような大きな会社であれば、大体1000万円くらいが標準と考えてもいいでしょう。

それなら、私たち小さな会社は2000万円を目指してみましょう。2500万円を超えて3000万円くらい行けば、かなりいいラインではないかと思います。

1人当たりの粗利2000万円、もしくはそれ以上を狙っていく場合には、売上を増やすことはもちろん、原価があまりかからない商売をやることも肝心です。

それからもちろん、少人数でたくさんの粗利を上げなければいけませんので、人を増やして組織をいたずらに大きくするのではなく、少数精鋭を心がけましょう。

summary

1人当たりの粗利、2000万円を目指そう

1人当たりの粗利、いくらを目指す？

＝ **1000万円〜1500万円**

粗利の絶対額が多くても、
従業員数が多いため、
これぐらいに落ち着く

＝ **まずは2000万円!!**

大企業よりも、
スリムで効率的な経営が
できるので、
十分狙える金額

14

小さくても潰れない商売、4つの特徴

「売上が大きい＝潰れにくい」ではない！

「小規模な会社を少人数で経営していく」のであれば、必然的に粗利率の高い商売をやることになりますが、どうしても売上規模は小さくなってしまいます。

年商100億の会社に勝つ方法

世間一般では、「年商○億！」などといわれ、大きな会社を作り上げた社長が称賛されることが多いため、どうしても売上規模を大きくしたいと思ってしまいますが、そんなことを気にする必要はまったくありません。

小さな会社であれば、売上の金額を大きくするのではなく、1人当たりの粗利を大企業よりも大きくしていけばいいのです。

例えば、年商100億円で粗利率が50%であれば、粗利額は50億円になります。すごい会社だと思いますが、社員が例えば500人いれば、1人当たりの粗利額は1000万円です。逆に社長1人だけの会社で年商2000万円であっても、粗利率が100%であれば、1人当たりの粗利は2000万円となります。

規模が大きい会社を経営するということは、相当なプレッシャーがかかってきます。サブプライムやリーマンショックのような景気の波に、会社は大きく影響を受けるでしょうし、そんな中でも社員の給料を払い、そして年々上げていかなければなりません。

「売上」は気にしない!

小さい規模の経営であっても、大変だということに変わりはありません。しかし、ある程度自分の好きなことをやれている場合が多いですし、プレッシャーやストレスもそれほどなく、健康に過ごすことができます。小さな会社でやっていくことを選んだからには、売上規模など気にせず、楽しく経営をしていきましょう。

話がちょっとずれましたが、小さい規模の経営をしていて、世間的に見て「あの会社、大丈夫?」なんて言われていても、潰れることなくずっと続く業種が存在します。

その代表的なものが、散髪屋さんです。

私たちが小さいころによく行っていた散髪屋さんを思い浮かべて下さい。店の前を通っても、お客さんが1人だったり、誰もお客さんがいなくて店主が新聞を読んでいたり、という場面に遭遇したこともあろうかと思います。

散髪屋が潰れない4つの理由

散髪屋さんが潰れない理由は、4つあります。

まずは**「粗利率が高い」**こと。仕入れるべき材料もあるにはありますが、整髪料程度で、それほど多くはかかりません。売上規模がそれほど大きくなくても、粗利が売上に比べてあまり小さくなることはないのです。

また、**「人件費がほとんどかからない」**ことも大きな要素です。町の散髪屋さんは、おじさん1人しかいない、いても奥さんと2人、という場合が多いように思います。給料をたくさん払う必要がないし、人が少ないので、経費もそれほどかかりません。

「現金がすぐもらえる」は大きな強み

それから、**「現金をすぐにもらえる」**こと。これが「潰れない経営」の要素としては非常に大事です。潰れやすい会社は、売上を上げても現金になるのが非常に遅かったり、現金化される前に仕入れの代金を払わなければならなかったりする場合が多々あります。散髪屋の場合、「ツケでお願いします」などというお客さんはあまりおらず、サービスがすぐに現金化されます。

最後に**「リピート客が多い」**ということも相当なアドバンテージです。散髪屋などは、1カ月~2カ月の間隔で、同じところに通うお客さんが非常に多く、リピート率が高い商売といえます。景気の悪化により、売上が急に減ったりすることもありません（唯一懸念材料があるとすれば、すぐ近くに1000円カットなどの店ができることです）。

これら4要素により、売上が少なくても、危なげなく商売を続けていけるのです。

大きな会社が倒産してしまうのは……

規模が大きく、人をたくさん雇っている会社のほうが、「売上ダウン→倒産」の可能性が高くなります。なぜなら大きな会社ほど、先ほど挙げた「潰れにくい要素」がない場合が多いからです。

例えば、**粗利率が低い商売だから人をたくさん雇わなければならなかったり、大企業と取引をしているがゆえに現金化されるのが遅かったり**します。

会社の規模を大きくして、売上をたくさん上げて、社員をたくさん雇って社会に貢献するということも、とても素晴らしいことだと思います。しかし、小規模でやっていくと決めたからには、売上は少なくてもずっと続けられる商売をしたいものです。

そのためには、先ほど挙げた要素を思い浮かべながら、商売を組み立てていって下さい。

summary

ポイントは「粗利」「人件費」「現金化」「リピート率」

潰れない商売、4つの特徴

散髪屋
①粗利率が高い
仕入れは整髪料くらい
シャンプー
リンス
②人件費がかからない
夫婦経営が多い
③現金をすぐもらえる
サービスがすぐ現金化
10
100
500
④リピート客が多い
常連さんが多い
また切って
もらおうっと

15

「好きで得意なこと」は儲けにつながる

「好き」がもたらす2つの効果

「小さな会社でやっていくことを決めた。潰さずにずっと続けていくための要素もよくわかった。では、その中で何をやればいいのか?」と思われた方も多いかもしれません。ここでは、どんな商売をやっていくのがいいのか、考えてみたいと思います。

よく「好きなことを仕事にする!」のが、いいか悪いかという議論がされます。

この問題について個人的には、「できる限り、好きなことや得意なことを仕事に結びつけたほうがよい」と思っています。その理由としては、2つあります。

まず1つ目の理由は、**「好きなことや得意なことには、没頭できる」**ということです。

今でも競争は激しいですが、今後さらに起業する人も増え、インターネットなど仕事のツールも発達し、ますますその傾向は強まるでしょう。そんな中で戦っていくためには、やはりその仕事に没頭していかなければ勝ち目がありません。

仕事に没頭するためには、好きだったり、得意で仕事を進めやすかったりするほうが断然有利です。私のまわりでも、「こんな商売、成立するのかな?」と思うような仕事でうまくいっている人がたくさんいます。それは、その人がその仕事を大好きで、没頭しているからです。うまくいかないときがあっても、とにかく仕事に没頭して食らいついていき、工夫をしていけば、必ず勝機があります。

「差別化」がお金を生む

2つ目の理由ですが、**「好きなことは、差異を生みやすい」**からです。

差異というのは、ほかの人や会社との違いで、マーケティングのところでも触れましたが、売上を増やす要因となるものです。

なぜ、好きなことが差異を生みやすいのか。好きなことは「遊び」の範疇《はんちゅう》に入ることが多いため、その「遊び」を仕事に結びつければ、ほかの人との差が生まれやすいからです。

あなたの大好きなことは何でしょうか。おそらく、仕事と関係ない「遊び」といえるものが多いのではないかと思います。

草野球だってお金になる！

例えば、スポーツ。私は野球をずっとやっていますが、好きで好きでたまりません。ただそれは私にとっては遊びで、仕事に結びつくとは考えていません。本当に野球が好きで、草野球に年間500試合出場するなんていう超人がいたとしたら、その人は草野球界では名の知れた人になっているでしょう。例えばその人が、**「対戦したい草野球チームをつなげて、手数料としていくらかをもらう」**という商売を始めたとしたら、おそらく成立するでしょう。それだけだと事業のレベルとしてはダメかもしれませんが、それをブラッシュアップしていけば、売上も多く得られるようになる可能性は十分にあります。

summary

自分の「好きなこと」を仕事にしよう！

「好き」が儲けにつながる2つの理由

①好きなことには没頭できる

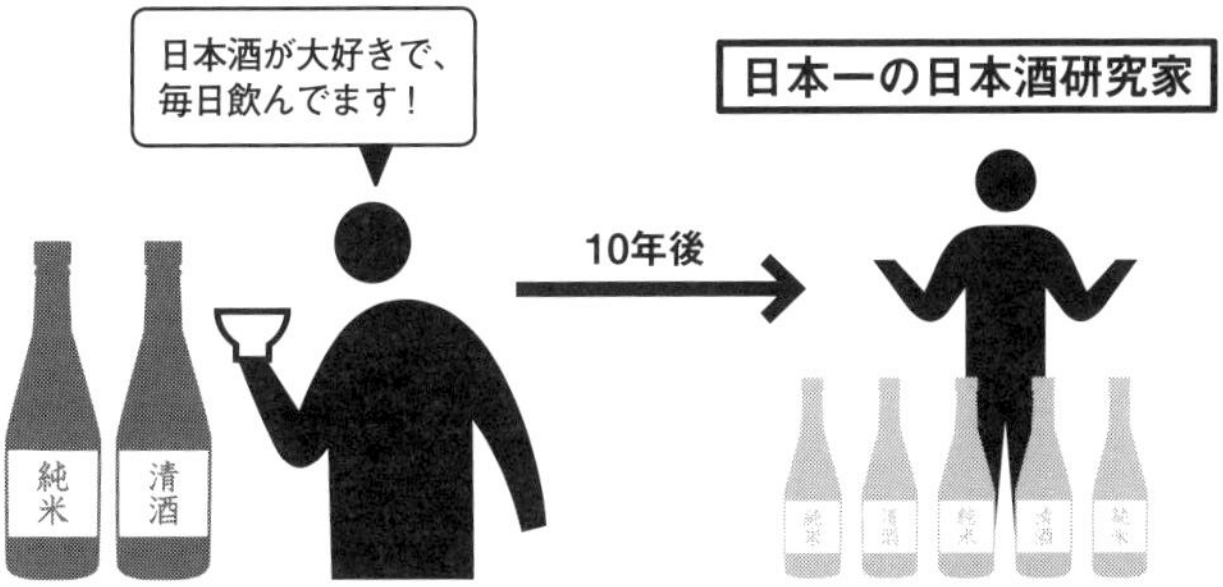
日本酒が大好きで、
毎日飲んでます！
純米
清酒
10年後
日本一の日本酒研究家

個人の趣味などもビジネスに発展する

②好きなことは差異を生みやすい

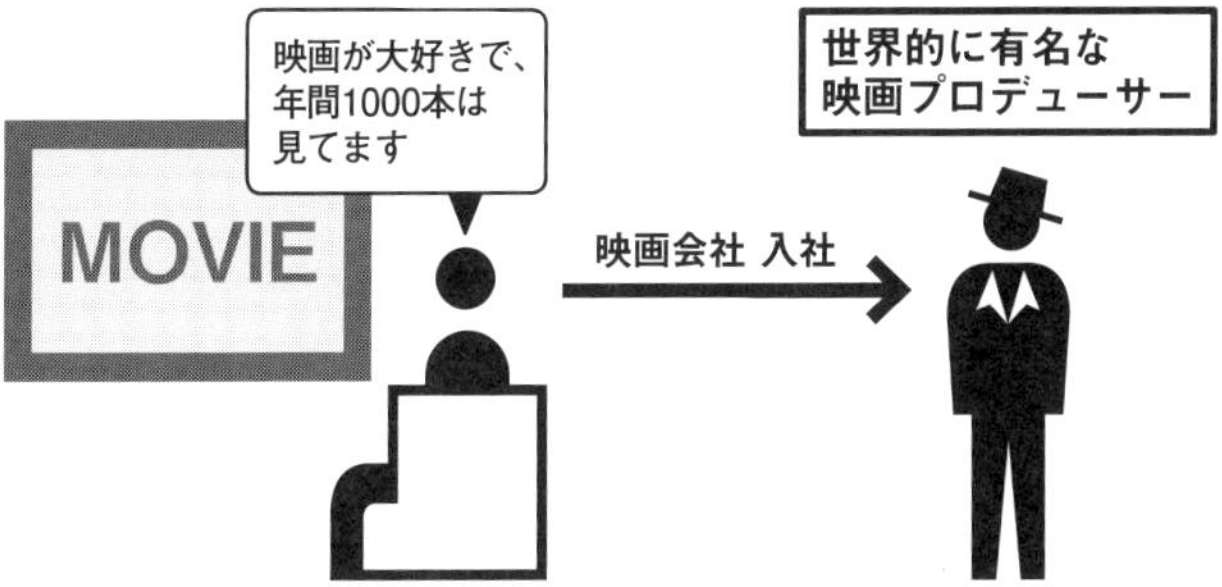
映画が大好きで、
年間1000本は
見てます
MOVIE
映画会社 入社
世界的に有名な
映画プロデューサー

好きを仕事に結びつけると、差別化しやすい

事例
4

好きが儲けにつながった例

①ヒーリング

会社の10年後の姿が
想像できなくて、
悩んでいます
まずは、あなたの
悩みの原因を
考えましょう

趣味で始めたカウンセリング形式のヒーリング。独学で勉強し、最初は友達や会社の同僚に無料でやっていた。口コミで噂もどんどん広がり、遠方からも問い合わせが来るようになり、ビジネスとして成立するレベルにまで成長。今では、噂を聞きつけた経営者などからもオファーが殺到している。

②卒業式・演奏会などの録画代行

卒業式
このアングルは
十分撮れたから、
ちょっと撮影場所を
変えよう

学校で行われる卒業式や演奏会を録画・編集し、その映像を父兄に売るサービス。もともとは、自分の子どもが出る演奏会の録画・編集をやっていて、その動画を見た友人から頼まれたのがこのビジネスのきっかけ。多くの人に「録画・編集＝難しいこと」という意識があり、潜在的なニーズがあった。

16

「儲けの柱」を確実に育てる方法

小さな会社を複数作ろう

起業すると、1つのことに没頭するのが当たり前で、その事業がうまくいくまでは、しっかりと集中して進めていき、売上を上げていく必要があります。

しかし、事業がある程度軌道に乗って、自分の手がかからなくなってきたら、新たに会社を作り、新しい事業を始めてもいいのではないでしょうか。

「会社を作る」と書きましたが、もちろん会社を作らず、同じ会社の中で、違う事業をやるということでも問題ありません。

要は、**「1つの事業にこだわらず、複数の小さな事業を、並行して進めていきましょう」**ということです。小さい規模の経営だからこそ、それが可能です。

たくさんの社員を雇い、会社を大きくしていく方向であれば、時間はかかりますし、うまくいかないときに撤退するのがとても大変です。

そうではなく、**ごく小さい事業を複数立ち上げていけば、あまりうまくいかない事業は最低限の損失でやめるなどして、傷を広げずにすみます。**

これは私の個人的な考え方なのかもしれませんが、1つの事業だけを立ち上げて、それが成功するかどうかということは一種の賭けになるのではないかと思っています。成功すれば会社や事業がとても大きくなって儲かるかもしれませんが、どうなるのかは、実際にやってみなければわかりません。

1つの事業に集中するより、分散しよう

それならば、複数の事業を立ち上げて、堅実に売上・粗利を増やしていく。例えば、10個事業を立ち上げて、9個はダメでも、残りの1つで爆発的に利益が上がれば、それだけで1つの事業に集中する場合よりも大きな利益を上げられるかもしれません。

また、1つの事業を1億円に育てるよりは、売上3000万円弱の事業を3つ育てるほ

うがラクではないかと思っています。

「会社を複数作る」のは難しくない

「会社を作る」ことは、普通の人から見るとすごくハードルの高いことかもしれません。しかし実際に作ってみれば、そうでもありません。ちゃんとはじめの資金（元手）さえ用意すれば、すぐに作ることができます。**会社設立の代行業者の数も増えてきていますので、**気楽に考えて下さい。

小さい規模での経営は、これまでの常識にとらわれていては、うまくいきません。広い視野を持って、新しいことにどんどんチャレンジしていきましょう。そうすれば、必ず道は開けていきます。

summary

1つの会社にとらわれず、柔軟に経営しよう

会社は複数作ったほうがいい

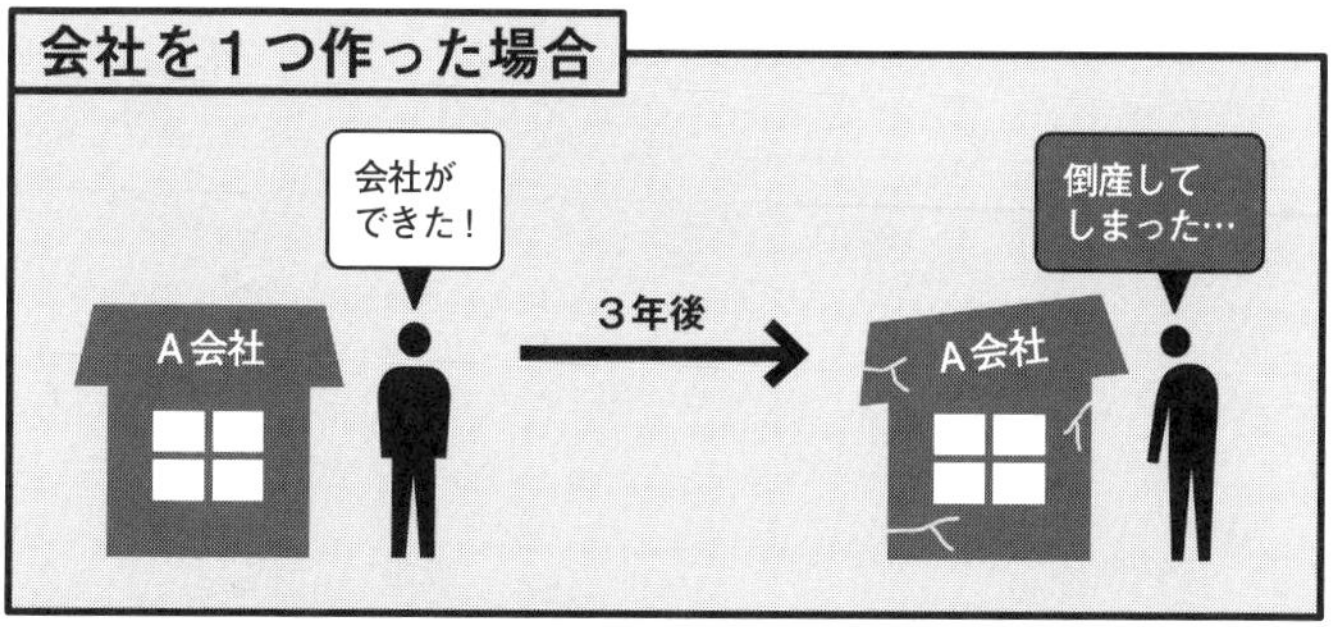
会社を1つ作った場合
会社ができた！
3年後
A会社
倒産してしまった…
A会社

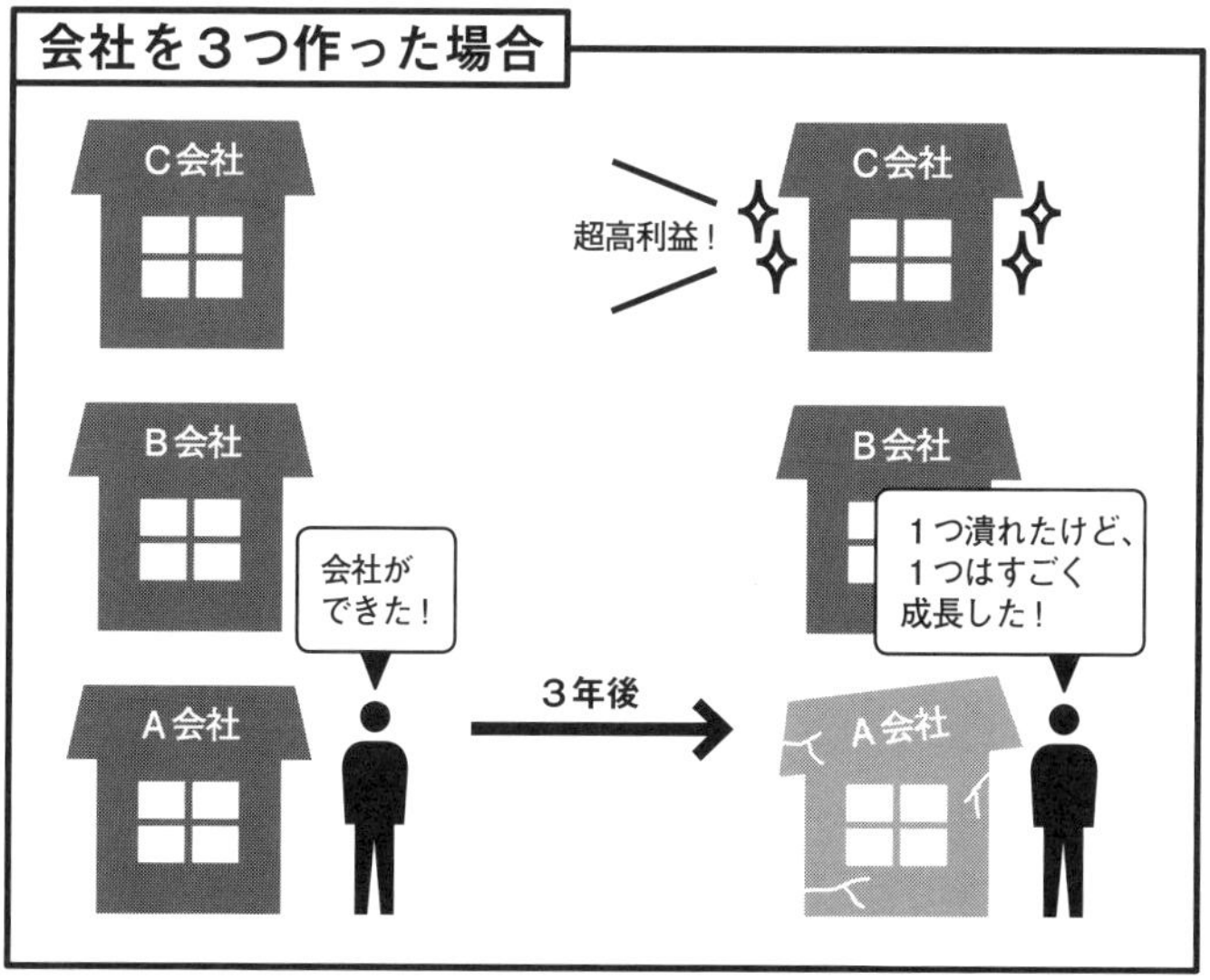
会社を3つ作った場合
C会社
B会社
A会社
会社ができた！
3年後
超高利益！
C会社
B会社
1つ潰れたけど、1つはすごく成長した！
A会社

1つの会社に集中するより、分散しよう！

第3章

儲かる会社の「儲かる仕組み」

17

1人当たりの粗利は、こう増やす！

今すぐ、自社の1人当たりの粗利をチェック

ここからは、**「小さな会社ならではの、儲かるシステム」**について話をしていきましょう。基本的には会計や財務の話です。専門用語をなるべく使わず、わかりやすく表現していきますので、ぜひ理解して、自分のものにしていただければと思います。

とにかく、小さな会社の経営で重視してほしいのが、1人当たりの粗利です。これをどうやって確保し、そして増やしていくか、考えてみましょう。

例えば、社長（自分）と正社員2名、パート2名の会社があったとします。全体の粗利が4000万円だったとすると、1人当たりの粗利は1000万円となります（パートさん1名を0・5人として計算）。

会社のメリットと社員のメリットを考える

このとき、2人の社員と相談をして、業務委託契約を結び、自宅で好きなときに仕事をしてもらうことにしたとします（契約は年間400万円とします）。

この場合、もちろん社会保険などは社員の方に不利にならないように配慮しなければなりません。ただ、**「自由に働いて、副業などもやって、将来に備えたい」という考えを持つ方であれば、社員さんにとってもメリットがあります。**

さてそうしたとき、全体の粗利額は、その社員だった方に対する業務委託費の支払い800万円（400×2）を引いて、3200万円です。ただ、1人当たりの粗利額の計算に使用する社員数は2名（社長＋パート2名のみ）に減っていますので、1人当たりの粗利は1600万円に大きくアップします。もし社員の方さえ良ければ、このようにして1人当たりの粗利を上げていくことができます。

この方法が難しければ、会社全体に「1人当たりの粗利の重要性」を認知させる方法も有効です。ただ漠然と働いてもらうのではなく、できるだけ具体的な数値を示して、社員

1人1人に、稼ぐ力を意識してもらいましょう。

安易に人を雇わない

また、「今、どうしても人手が必要なんだ」という方であれば、できるだけアウトソーシングする方法を考えてみて下さい。繰り返しになりますが、**「売上をたくさん上げるために、人（社員）を雇う」という考えは、捨てて下さい。**

1人当たりの粗利を増やすためには、「粗利額自体を増やしていく」「原価率を下げる」のも、もちろん大事なことです（第2章参照）。

まだ方法があります。それは、「値上げをする」ということです。値上げをすれば、原価と関係なく粗利を増やすことができます。値上げは値下げと違って、とても難しいものですが、商品の価値を上げ、それでも売れるように努力することも必要です。

summary

人件費をいかに節約するかがカギ

1人当たりの粗利をいかに確保するか

①節約できる人件費はないか

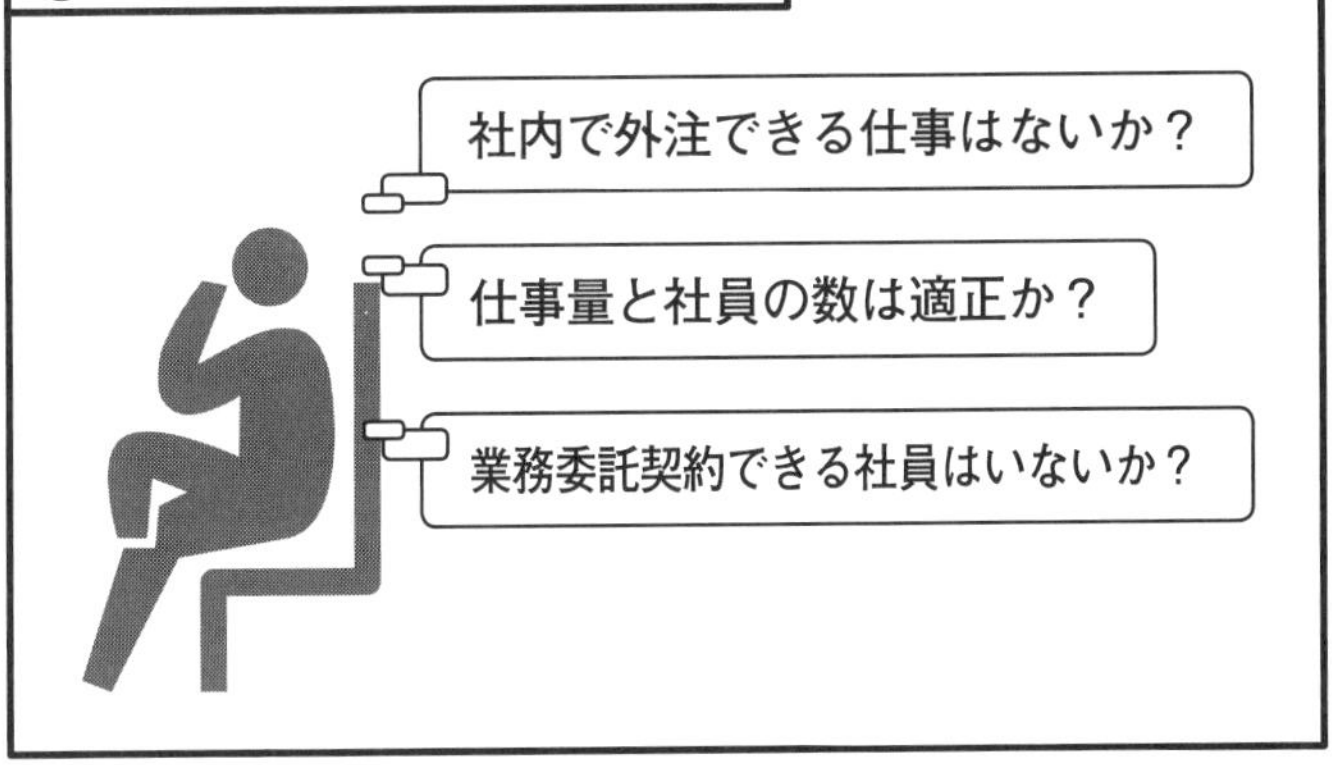
社内で外注できる仕事はないか？
仕事量と社員の数は適正か？
業務委託契約できる社員はいないか？

②1人当たりの粗利の重要性を社員に伝える

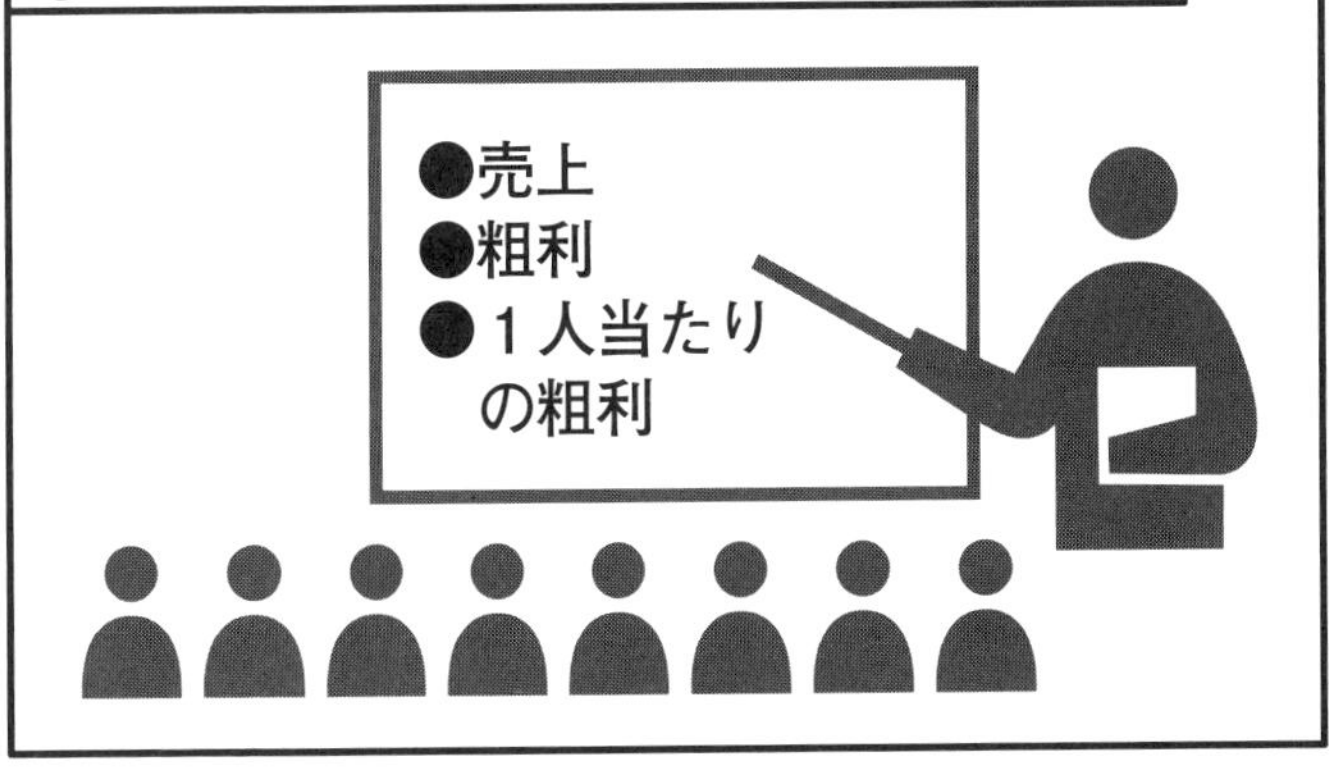
●売上
●粗利
●1人当たりの粗利

18 粗利は「4：4：2」で分配する

超効率的なお金の分け方

さて、1人当たりの粗利を確保できたところで次のステップに移りましょう。

今度は「稼いだ粗利をどう分配するか」です。お金を稼ぐことはもちろん大事ですが、それを効率的にどう分けるか、ということも非常に大事です。

粗利は会社経営の基礎となります。

その粗利から「給料を払い、経費を支払い、利益を出し、税金を払って、お金を残す」わけです。

例えば売上6000万円で原価が2000万円、社長と社員1名の会社があったとします。1人当たりの粗利は、（6000万－2000万）÷2＝2000万円です。まずまず優秀だといえるのではないでしょうか。

このとき、会社全体の粗利額は、6000万－2000万で4000万円となりますが、その4000万円をどう分配していくか、実際にやっていきましょう。

「給与：経費：利益」で分ける

ポイントは「給与4：経費4：利益2」です。

まず**役員給与に4割を分配し、経費として4割使います。そして残りの2割は利益とするるのです。**

例えば前述の会社でいうと、粗利額が4000万円。1人当たりの粗利は2000万円で絶対額は少ないですが、なかなか優秀です。この場合、役員給与として1600万円までは支払っても大丈夫でしょう。

それから、経費に使える額も、同じ4割ですので、1600万円です。ひと月当たり約130万円になりますね。そして、利益を4000万円×20％＝800万円残していく、という計算になります。

粗利を「4：4：2」で分配する

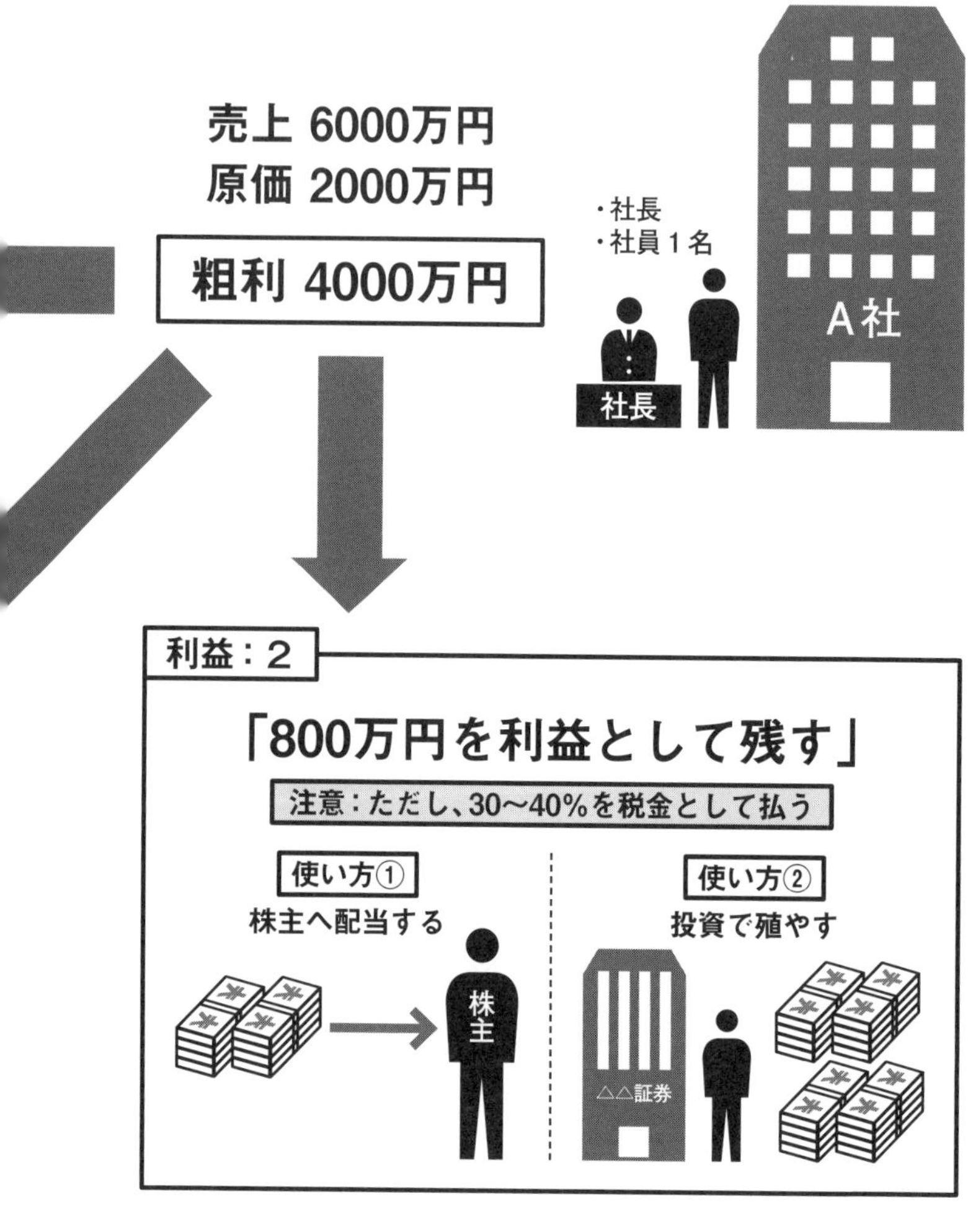

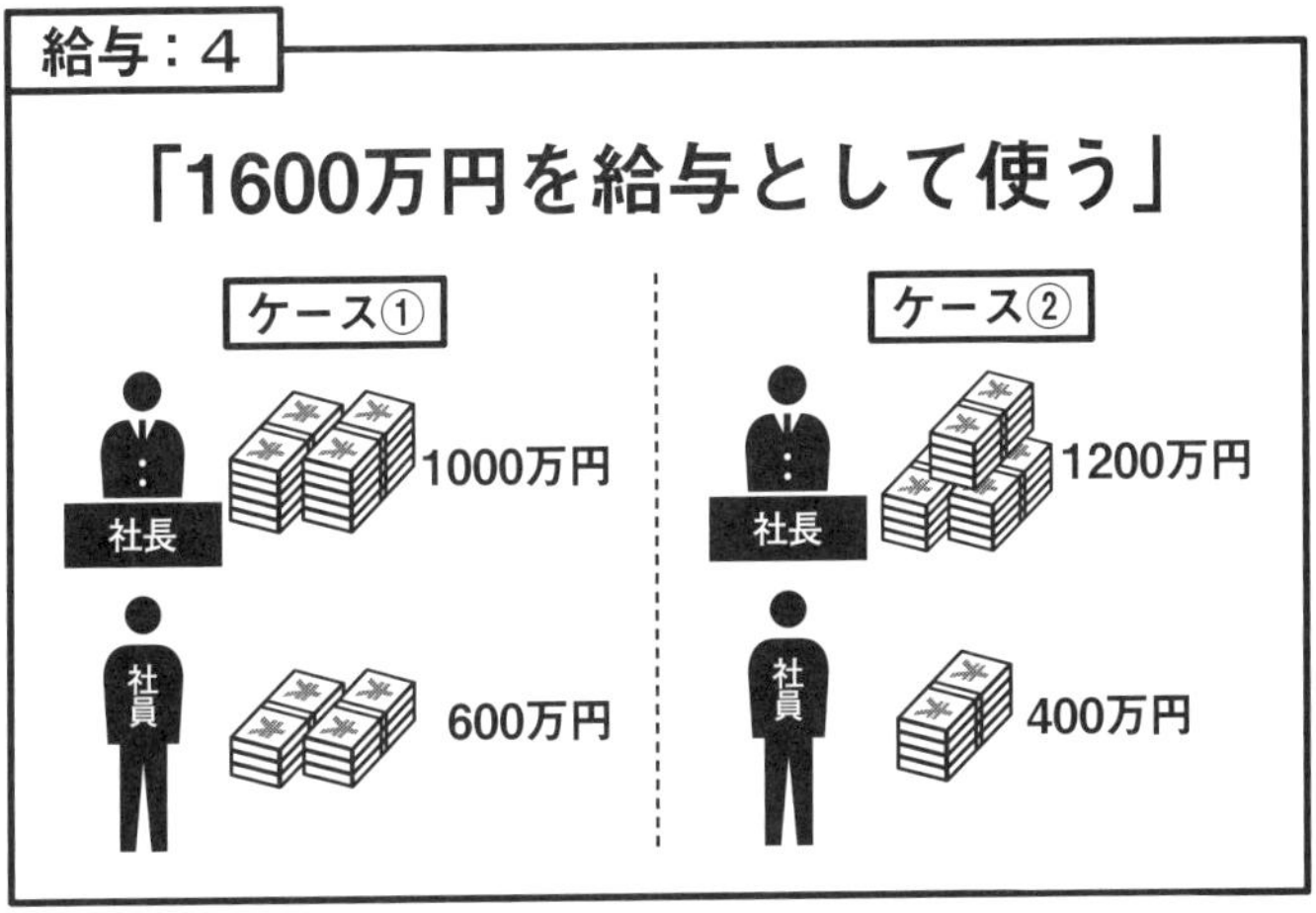
給与：4
「1600万円を給与として使う」
ケース①
社長
1000万円
社員
600万円
ケース②
社長
1200万円
社員
400万円

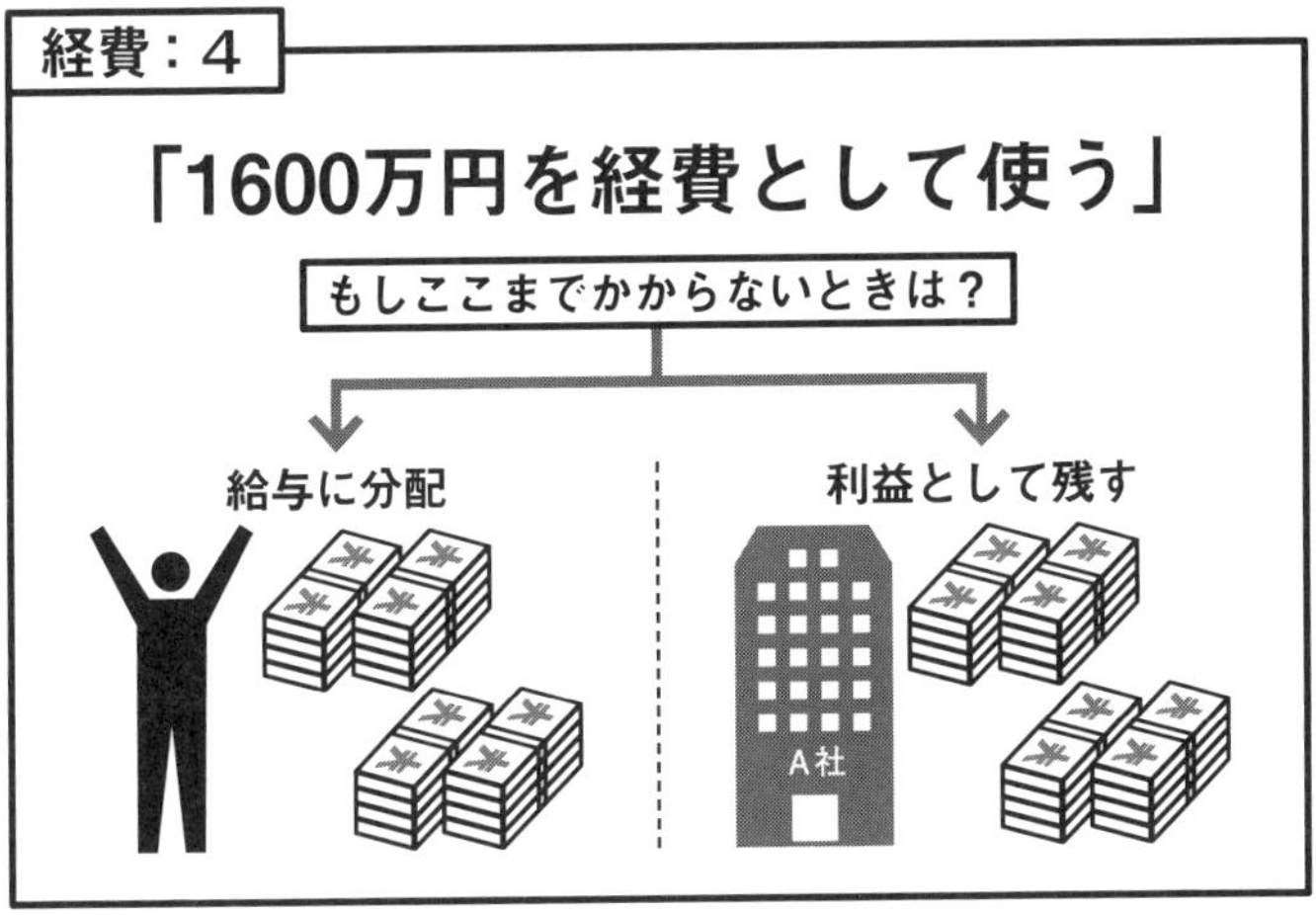
経費：4
「1600万円を経費として使う」
もしここまでかからないときは？
給与に分配
利益として残す
A社

余った経費の活用法

経費が月130万円もかからないのであれば、その浮いた分はどうすればいいでしょうか。例えば、経費が月100万円しかかからないのであれば、1600万円−1200万円で400万円浮きますので、その分を役員給与としてもらってしまってもかまいません。もしくは、将来に備えて会社の利益として貯めていくという考え方もあります。

経費については、「固定費をなるべく増やさない」ということが重要です。

固定費とは、家賃などのように、毎月かかってしまう経費のことです。額が小さい経費であっても、毎月かかるものが積み上がると、毎月の経費は知らず知らずのうちに大きくなってしまいます。小さい金額の経費でも、毎月かかるものは慎重に決めるようにして下さい。

利益については、残った額をそのまま貯めることはできません。税金を払う必要があります。少し安全に考えて、「利益の40％、つまり粗利額の8％は税金で支払うことになる」、と考えて下さい。小さな会社（資本金が1億円以下）であれば、実際には税率はそれほど高くなく、800万円までの部分で大体30％、800万円を超える部分で大体36％くらいになります。

「利益の半分は税金」と考える

しかし、**社会保険や労働保険など、何だかんだと税金がかかることもあり、多めに40％と見ておけばいい**のではないかと思います。40％と見ておいて、余ったら儲けものという考え方がいいですね。

上記の例でもし利益が800万円だとしたら、税金を320万円として、残りの480万円が最終的に会社に残る利益です。その残った利益480万円をどう活用していくか、という話については第5章でしたいと思います。

summary

「給与4：経費4：利益2」を覚えておく

19

あなたは経営者であり、投資家でもある

当たり前だけど、意外な真実

少し話は変わりますが、ここで、小さな会社を経営していくうえで、普段は意識しないけれども、とても大事な話をします。

それは、「経営者と投資家の両方の目を持って下さい」ということです。

経営者は、読んで字のごとく、会社を経営・運営する人です。「会社の売上を上げる」「原価を下げる」といったことがメインになりますので、**経営者は「足し算・引き算の思考」**を持っています。

一方投資家は、会社や経営者にお金を投じ（投資をして）、そこからリターンを得ようとする人のことです。「預けたお金が、○年後に、○%になる」ということがメインにな

 りますので、**投資家は「掛け算・割り算の思考」**を持っています。

9割の社長は「経営」だけをやってしまう

起業して経営をし始めると、「代表取締役社長」兼「100%保有の株主」になります。

つまり本来は投資家であり経営者なのですが、ほとんどの社長が「経営」だけに集中しがちで、「投資」はおろそかになりがちです。

どういうことか説明します。会社の「形」について、考えてみて下さい。まず会社を作るときには、投資家がお金を出します。この「投資家がお金を投じる」という行為がなければ、会社はできません。最近は、「資本金0で会社が作れる！」などといわれますが、本来資本金としてはじめに投じられるお金は、会社を運営するために使うべきものですので、資本金0で会社を作ってもあまり意味がありません。

投資家は、投じた資金が500万円だとすると、その500万円をいつまでも寝かせるわけにはいきません。何らかのリターンを得ることが必要なのです。

もし会社に投じたお金が500万円で、そこからのリターンがゼロであれば、ほとんど金利はつきませんが、銀行の普通預金に入れておいたほうがまだマシですね。

そこで投資家は、お金を投じたあとに経営者を選び、その経営者に経営を任せるのです。「経営を任せるから、リターンを下さい」というわけですね。

つまり、経営者は、ただの「雇われて経営を任されている人」なのです。会社では社長が一番偉いのですが、実際は投資家に使われている労働者になります。

2つの立場のバランスをとる

小さな会社では、私たち社長が投資家でもあり経営者なのです。**両方の立場に立って、投資や経営をしていく必要があります。**投資家としては、「会社からなるべく多くのリターンを得る」ということを考えるべきで、反対に、経営者としては、「なるべくたくさん稼いで、自分がたくさん報酬を得る」ということを考えなければいけません。

summary

経営者であり、投資家であることを自覚する

あなたは経営者であり、投資家

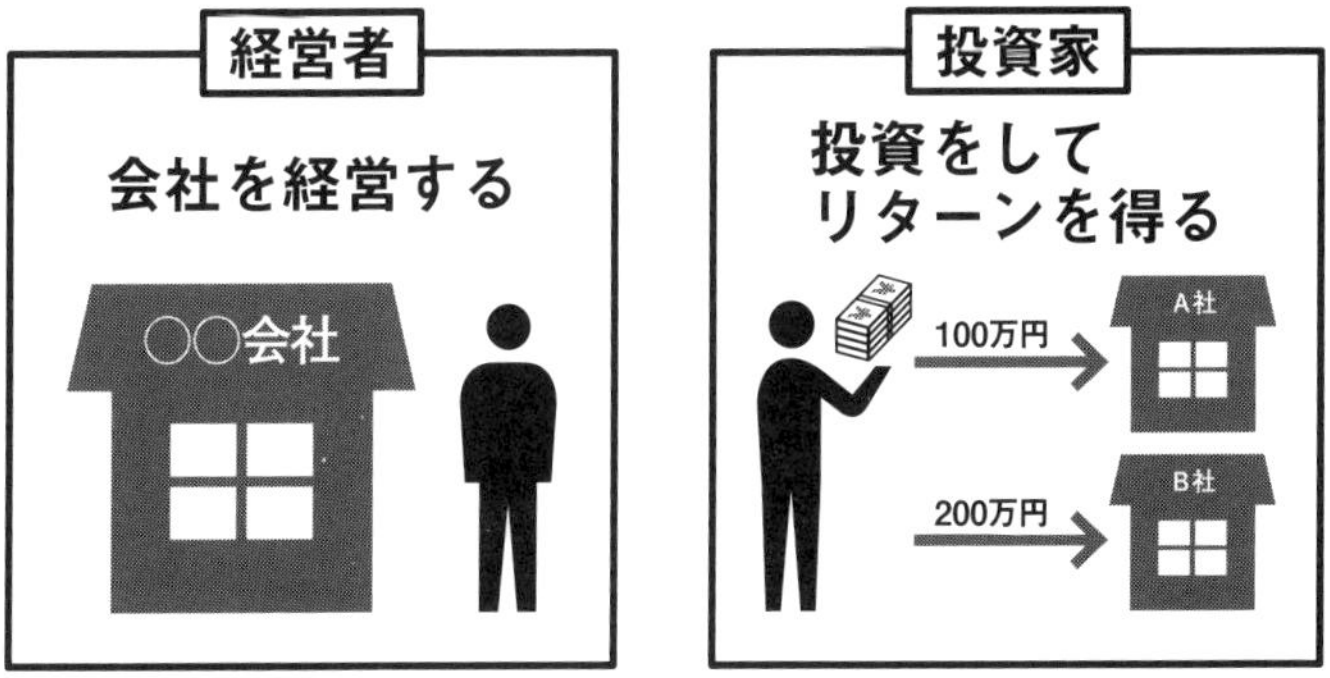

起業して経営をし始めると
「代表取締役社長」兼
「100％保有の株主」になる

「経営者であり投資家である」
ことを自覚する

20

「投資家」として、絶対考えておくべきこと

会社からリターンを得よう

「会社を作った人は、経営者としての仕事ばかりしがち」という話をしました。では、投資家としてはどのようなことを考えていけばいいのでしょうか。

先ほども書きましたが、**投資家は、「会社から多くのリターンを得る」ことを考えなければいけません。**

そして、投資家が投じたお金ですが、小さな会社の場合には、どれくらいのリターンが得られれば合格点といえるのでしょうか。先ほど普通預金との比較をしましたが、普通預金レベルでは話にならず、上場している大企業と比べても多くのリターンを得たいものです。もし大企業よりもリターンが少なければ、資金を自分の会社に投資するのではなく、

大企業に株式投資をしたほうがよいからです。

小さな会社の大きなメリット

さらに、小さな規模の会社経営では、大企業よりも圧倒的に大きいリターンを投資家に返さなければなりません。その理由は、

「小さな会社は、『再投資』をしない分、利益の多くを、投資家に分配する必要がある」からです。

再投資とは何でしょうか。説明していきます。

大企業では、残った利益の一部を配当という形で投資家に分配するのですが、その配当を除く部分は、会社に投資をしなければいけません。

この「投資」とは、設備を買ったり、人を雇ったりして、売上規模や利益を増やしていく、ということです。

稼いだ利益をすべて投資家に分配していると、会社が大きくならず、利益を増やしていくことができません。利益を増やし、株の価値を上げていかなければ、投資家は株を売る

などして、お金を引き上げてしまうかもしれません。

利益はすべて、投資家に分配してもよい

それに対してわれわれが経営している小さな会社においては、「規模を大きくしていかない」という選択をしたわけですから、利益は投資家にすべて分配してもよいわけです。なぜなら、**会社に利益剰余金として蓄えていても、規模を大きくしないのであれば、使う必要がないから**です。

したがって、同じ金額を投資するのであれば、小さな会社は大企業と比べて圧倒的に多くのリターンを返さなければならないわけです。

では、大体どれくらいのリターンを返せばいいのでしょうか。次の項目で考えてみましょう。

summary

「リターンを上げる」という発想を持つ

小さな会社は、利益をすべて分配してよい

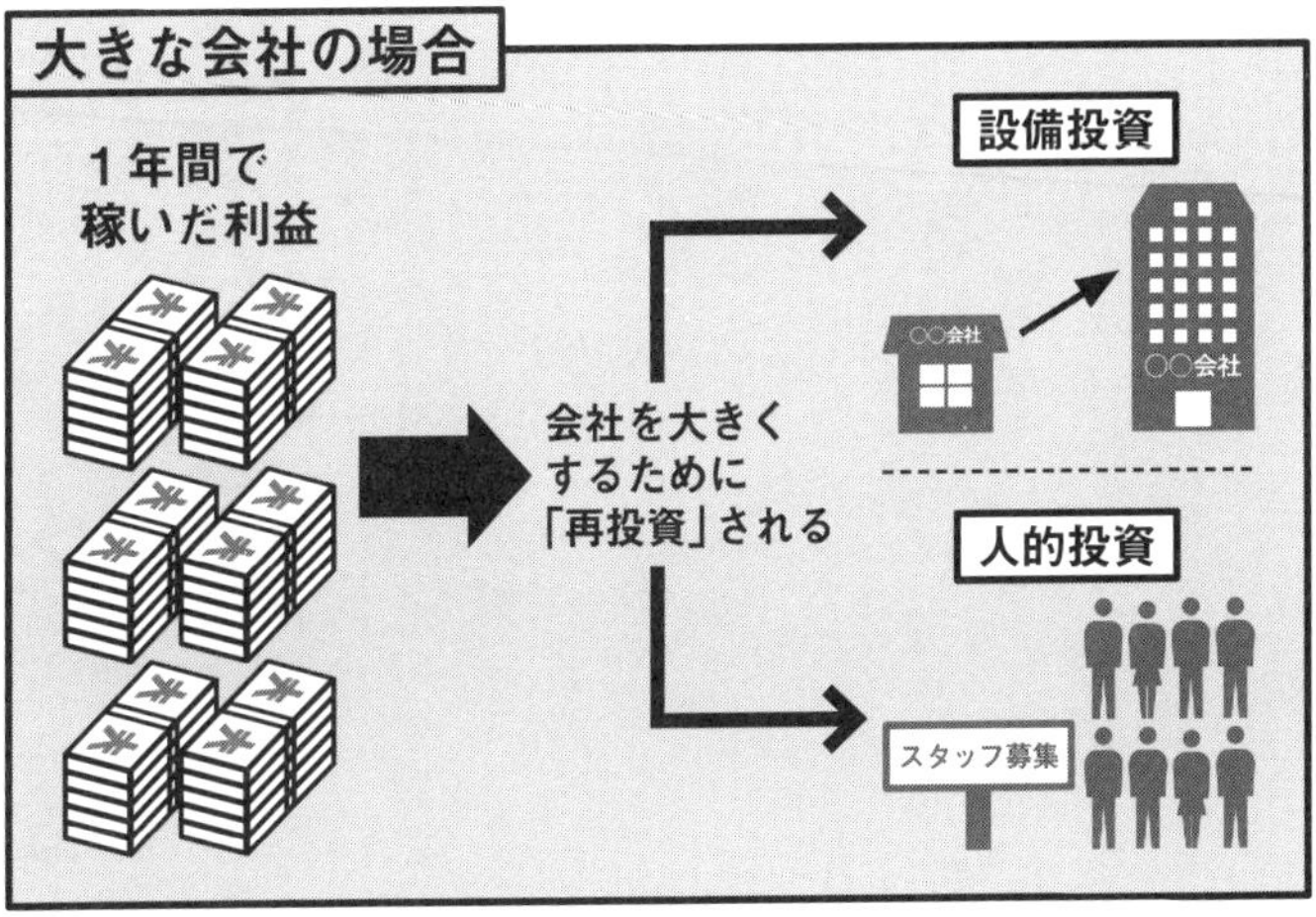
大きな会社の場合
1年間で
稼いだ利益
会社を大きく
するために
「再投資」される
設備投資
○○会社
○○会社
人的投資
スタッフ募集

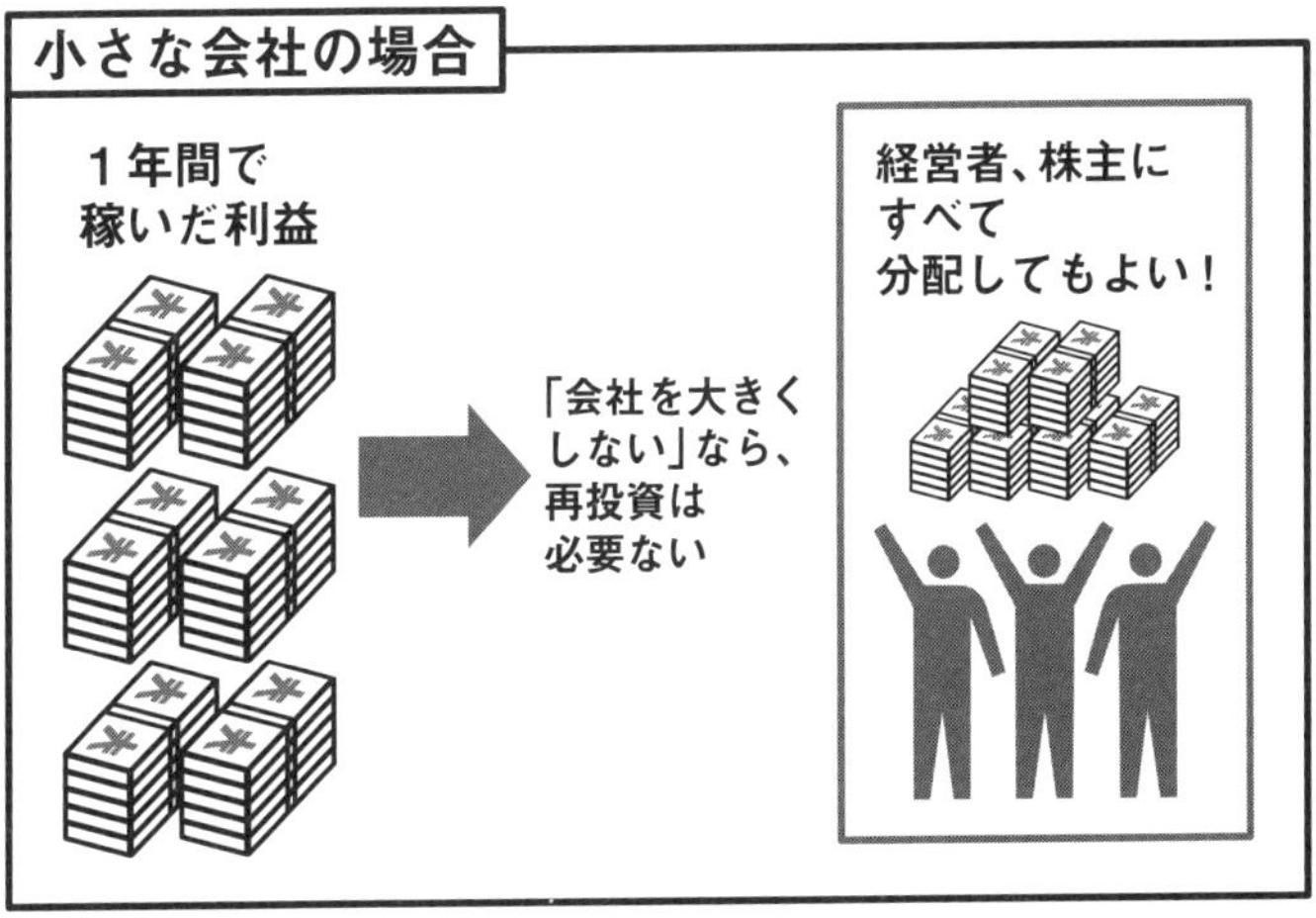
小さな会社の場合
1年間で
稼いだ利益
「会社を大きく
しない」なら、
再投資は
必要ない
経営者、株主に
すべて
分配してもよい！

21

「理想的な利益」がわかる魔法の公式

会社設立金500万円。その場合は？

投資家に返すリターンの源となる「税引前利益」をどれくらい稼げばいいのか、ということを考えてみましょう。日本国内の優秀な大企業の株式を持っていることによるリターンは、配当と会社の価値が上がっていくことによるキャピタルゲイン（持っている株の価値が上がること）を合わせて、大体15～20％といわれます。

私たちが所有・経営している小さな会社のリターンは、最低でもそれよりは多くなければいけません。ここは目標を大きく掲げてみましょう。

税金を引いたあとのリターンとして、年間60％を目指していくのはいかがでしょうか。

税金を40％とすると、投じている金額の100％を、1年で稼ぐのです。

例えば会社を設立して500万円を投じたのであれば、毎年、税引前利益として500万円を稼ぐようにしましょう。

粗利の分配のところで書いた公式を思い出して下さい。粗利を4：4：2で、役員給与と経費と利益に分配する、ということでしたよね。

それでいくと、**500万円の税引き前利益を出すためには、逆算して（500万÷0・2）2500万円の粗利を稼ぐ必要があります。**つまり、2500万円の粗利を、役員給与1000万円と経費1000万円、そして税引き前利益500万円に分配するのです。

そうすると、税引き前の段階で投じた500万円の100％が残り、税金を40％と見ると税引き後利益として毎年300万円が投資家にリターンされます。本当は、小さな会社は法人税が安くなっていて、500万円の利益であれば30％の150万円くらいしか税金がかかりませんが、少し多めに見ておきましょう。

この公式を覚えておこう！

さて、利益の出し方に関連しますが、その利益の源になる、「最初の投資金額」についてはどう考えればいいでしょうか。ここは自分に厳しく、シビアにいきます。

私の使っている「投資する金額」を算出するための式は、**「毎月の役員給与に、毎月かかる経費を足した金額の3～5カ月分程度を会社にまず投資する」**、です。

例えば、先ほどの例の通り、役員給与と経費がそれぞれ年間1000万円だとすると、12カ月で割ると（1000万＋1000万）÷12で毎月約166万円となります。その3カ月分だとすると500万円、5カ月分とすると833万円ですね。

3カ月分と考えて500万円でもいいのですが、もっと余裕を持ちたい人は、最初に多め、例えば700万円を投資します。そして、その700万円を税引き前利益として稼げるように、粗利を計算していくわけです。

先ほどの4：4：2の公式を、税引き前利益700万円として計算すると、必要な粗利は3500万円になります。それが稼げる場合は、そのように粗利の目標を設定すればいいのではないかと思います。それが難しい場合は、投資金額を500万円にしましょう。

summary

「投資金額」を1年で稼ごう

投資家目線でリターンを考えてみる

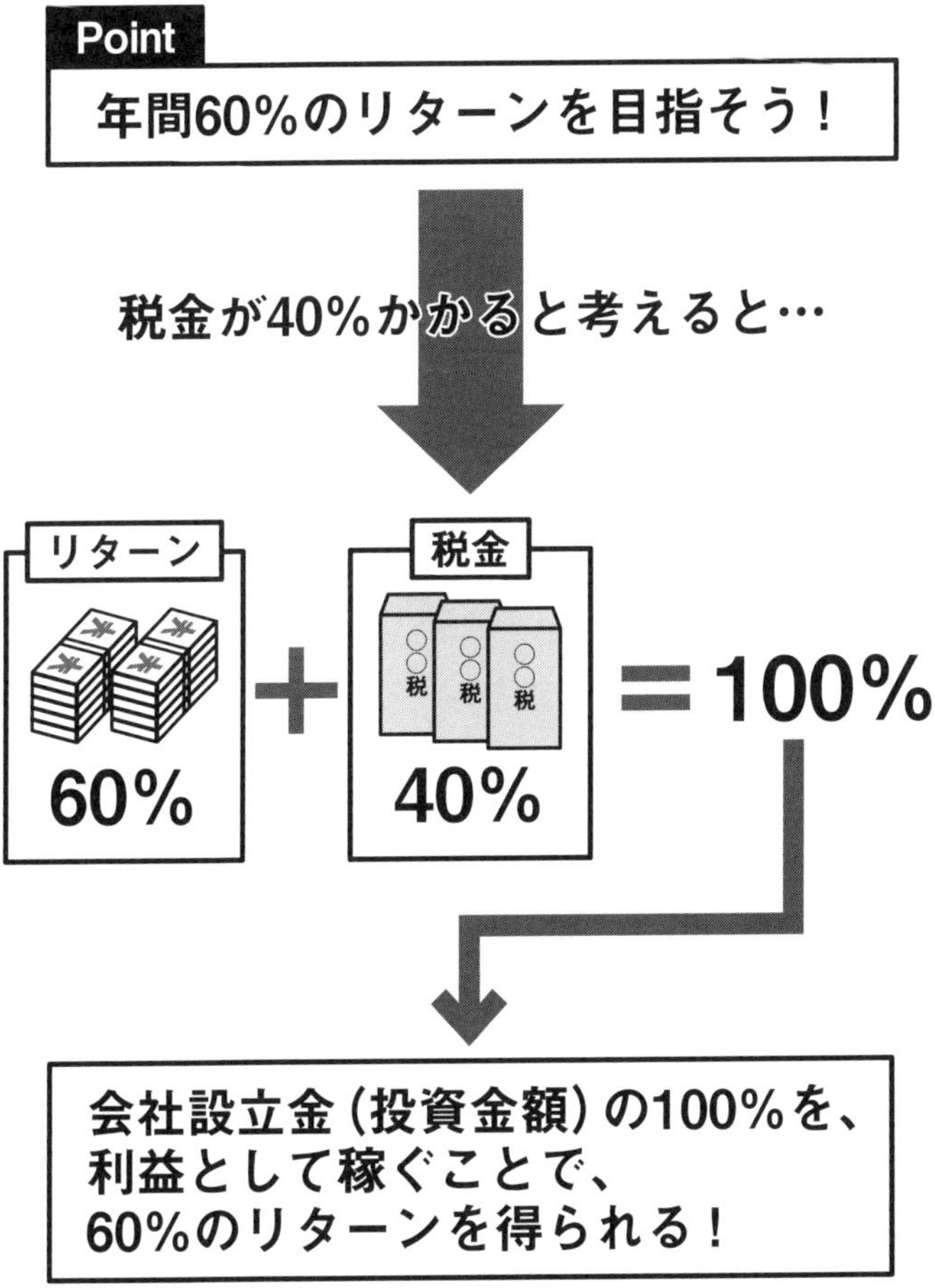
Point
年間60%のリターンを目指そう！
税金が40%かかると考えると…
リターン
60%
税金
税
40%
＝100%
会社設立金（投資金額）の100%を、
利益として稼ぐことで、
60%のリターンを得られる！

22

儲からない会社には、この「甘え」がある

公私混同はダメ、ゼッタイ！

投資家として、経営者として会社を運営していくうえで考えなければならない大事なことがあります。それは、「公私混同をなくす」ということです。

この場合の公私混同とはどういうことかというと、会社を「公」、家庭や生活を「私」と考えたときに、それをゴッチャにしてしまうことです。

例えば、こんなのは論外だと思いますが、家族で食事に行ったときのお金を経費に計上してしまうとか、よくありがちなことですが、会社に入れた運転資金が足りなくなったら、家のお金をまわして会社で使うなどのことを指しています。

公私混同をしてしまうと、経営に甘えが出てきます。

「何かあったら家のお金をまわしてもいいや」とか、「税金が高いから役員報酬を少なくして、その代わり家で使う経費を会社で計上してしまえ」などということを考えていると、経営がとても甘くなってしまいます。

「リターンを得る」という発想がなくなる

小さな規模の会社経営では、自分が「投資家」でもあり、「経営者」なのです。**投資家としては会社からリターンを多くしなければならないのに、経営者としての甘えが出てしまうと、リターンが必ず少なくなります。**ここは厳しく見ていくべきです。

それを考えると、はじめに投資する金額（資本金）を多めにしておくということも、この公私混同を避けるという意味において、とても重要なことになります。

はじめに投資する金額を、例えば50万円などと少なくした場合、会社のお金がすぐになくなりますので、家計から入れなければならなくなります。そのようなことを繰り返していると、「投資した金額に対して、毎年どれだけのリターンを得るか」という感覚さえなくなってしまい、経営が甘くなって儲からないことは想像に難くありません。

絶対に必要な「社長の覚悟」

最初に投資した金額が、万が一なくなってしまった場合は、本来はそこで経営をやめて、会社をたたまなければなりません。それくらいの覚悟がなければ、会社への投資・経営はやらないほうがいいのではないかと思います。

万が一、どうしても足りなくなり、社長自身のお金を入れる場合は、契約書などをかわし、金利を決めてしっかりと貸付の手続きをするべきです。

1人あるいは少人数での経営では、どうしても経営が甘くなりがちになります。繰り返しになりますが、「投資家」と「経営者」の両方の目を持つのが本当に大事です。それが厳しくできるようになれば、会社もうまくまわっていき、たくさんのリターンを得ることができるのではないかと思います。

summary

公私混同せず、自分に厳しく

経営者のやってはいけない行動

家族でレストランに
行き、経費で落とす
運転資金が不足したら、
家のお金をまわす
働いてもいない家族に
給料を払う
自家用車を
会社名義で購入

公私混同は、ダメ経営者への第一歩

23

「節税」するほど、会社は腐る

税金をしっかり払ったほうがいい理由

小さな会社の経営において、「税金とどう向き合うか」ということは、非常に重要なことになります。

小さな会社にとって、利益が出たときの税金の出費はかなり痛いです。**例えば利益が1000万円出た場合、法人税や事業税、法人住民税などでざっくり300万円以上払う必要があります**（利益が800万円までの部分については、利益の約30％が税金なのですが、それを超える部分については、約40％の税金がかかります）。

その約300万円を支払った半年後、半分の約150万円を先払いします。そして、またその半年後に利益が出たら、その利益の30～40％程度の税金（先ほどの、先払いした

150万円を引いたあとの金額）を支払うのです。

また、消費税もかかってきます。原則として、売上に含まれている消費税から、仕入代金や経費を支払うときに含まれている消費税を引いて、その残りを支払うようなイメージです。例えば売上が税込3150万円、仕入や経費（消費税のかかるもののみ。給料などは除きます）が税込1050万円だとすると、150万円（3150万円のうちの5％部分）から、50万円を引いて、100万円を税務署に支払うことになります。

税込の売上で利益を計算していたとすると、その利益のうちの5％部分をとられるようなイメージになり、重税感があります。

そのほかにも**固定資産税がかかりますし、社会保険料や労働保険料なども税金の一種です**ので、とにかく毎月税金を払っていて、その額もかなり多いなあという気持ちになってしまうのは仕方がありません。

「節税」には2つの方法がある

そこで、小さい企業の経営者が考えるのが「節税」です。節税をして、何とか税金を減らそうと思うのです。もちろん、その考えは間違ってはいません。無駄な税金を払う必要はありませんし、税金を払いすぎて会社が傾いたらどうしようもないので、節税を考えることは決して悪いことではありません。

しかし、あまりに節税にこだわると、「後々会社がもっと苦しくなる」、ということが往々にしてありますので、注意が必要です。

節税には、いくつかのパターンがあるのですが、そのほとんどが**「支払うべき税金を、あとに繰り延べる」というタイプのものか、「税金は減るが、無駄にお金が出ていく」タイプのもの**です。

結局、お金が残らなくなる！

例えば、利益が出たからといって、設備などの「モノ」をたくさん購入するパターンがあります。その場合、もちろん税金は減るかもしれませんが、手元に残るお金も減ってしまいます。「買い替えの必要があるパソコンの購入時期を、前倒しして期末にした」というのであれば、もともと予定していた出費であるので問題ありません。しかし、それ以外

節税は絶対してはいけない！

そもそも節税とは

①支払うべき税金を、あとに繰り延べる
②税金を減らすためにお金を使う

大きく分けて、この２タイプがある

節税を続けることで…

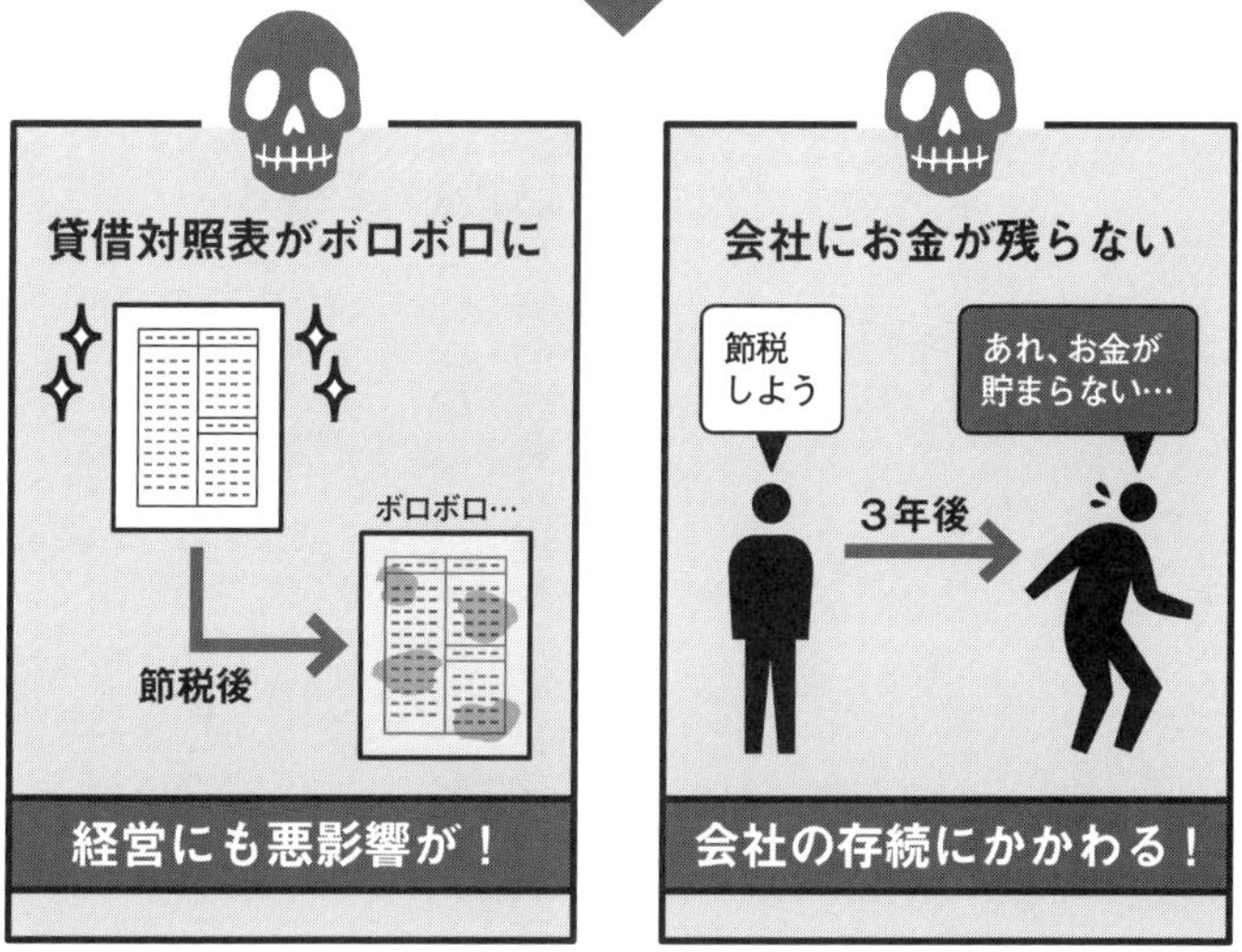
貸借対照表がボロボロに
ボロボロ…
節税後
経営にも悪影響が！
会社にお金が残らない
節税
しよう
あれ、お金が
貯まらない…
３年後
会社の存続にかかわる！

はお金を減らしてしまうという意味で問題があります。

利益が1000万円出たときに無理やり節税をして1000万円を使い、利益をゼロにしたとしましょう。そうすると税金は0になりますが、手元に残るお金も0になってしまいます。そのようなことを続けていると、いつまでたっても自転車操業のままということになります。

また、**「あとに繰り延べる」（例えば、1年間の家賃を先払いして、その分を経費にして税金を減らす）タイプの節税を使ったところで、結局将来の税金を増やしてしまう**わけですから、それほど意味がありません。

貸借対照表もボロボロに！

節税を続けていると、会社の「貸借対照表」が怪しくなります。もちろん純資産（はじめに投資した資本と、稼いだ利益の累計との合計）はいつまでたっても少ないままですし、有用でないヘンな資産（例えば、「前払費用」とか「仮払金」など）が残ります。

134ページから詳しく書きますが、純資産が多いスッキリした貸借対照表を作っていくのが経営といえますので、それに反することになります。

税金を払わないと、結局儲からない！

利益が1000万円出たとき素直に400万円の税金を払えば、600万円のお金が手元に残ります。**400万円もの税金を払うのは本当に痛いですが、その代償として600万円のお金が残る**のです。お金を残していかなければ会社の存続が怪しくなるので、後者の考えを持って経営したほうがよいのではないかと思います。

法人税は、今のところ少しずつ減少傾向にあって、わりと低い税率になっています。ぜひ今のうちに、利益をたくさん出して比較的安い法人税を払い、その残りを蓄えていって下さい。

とにかく、「利益の約半分は税金」と割り切って考えることが大事です。

summary

もったいなくても、しっかり税金を払う

24 きれいな貸借対照表は、すぐ作れる！

貸借対照表は、会社の通信簿

先ほどの節税のところでも述べましたが、**小さな会社の経営においては、「純資産の多い、スッキリした貸借対照表」を作ることが非常に重要**です。

会社の経営状態を表す財務諸表の主なものとしては、「貸借対照表」と「損益計算書」がありますが、損益計算書ばかり見て、貸借対照表は気にしない人がほとんどでしょう。

しかし、経営においてより大事なのは「どのような貸借対照表を作っていくか」ということのほうです。損益計算書は単年度の損益（損をしたか、儲かったか）を表すだけのものであり、1年間の損益などは、数字の操作が可能です。言ってしまえば「どうにでもできるもの」なのです。しかし、貸借対照表は違います。貸借対照表には、これまで経営判断をして実行してきたことが、ほとんどすべて表されますので、ごまかしが利きません。

「悪玉資産」を作らない

中小企業の経営においては、「利益をちょっとだけプラスにする」ということが求められることが多くあります。「税金はあまり払いたくないけど、銀行からお金を借りられるようにしておきたいので赤字は避けたい」といったイメージです。しかし、赤字の会社が「数字の操作」を毎年毎年続けていくと、貸借対照表に変な数字がたまっていきます。

例えば利益を出すために、経費としてすでに支出したものを「前払費用」や「仮払金」というものに振り替えたとします。その「前払費用」や「仮払金」などというものは、貸借対照表では資産として表されますが、本当の資産ではありません。**本当の資産は、その資産があることで、将来の財産（お金など）が増えるもの**をいいます。つまり、換金性があるものです。が、この前払費用や仮払金などはそうではありませんので、言い方は悪いですが、「悪玉資産」といっていいかもしれません。

毎年「利益をちょっと出す」、いわゆる粉飾を続けていくと、このように貸借対照表が修復不能なものになります。貸借対照表の理想の形は、「現金がたくさんあって、あとは何もない」「純資産が多い」というものです。もちろん、これまでの利益の積み重ねを現金や預金という形で眠らせておくのはもったいないので、投資をするのですが、その投資をしたものがたくさんある状態はＯＫです（投資については、第5章でご説明します）。

「利益を出し、税金を払う」だけでいい！

「貸借対照表は難しい」とよくいわれますが、本来はこのようにシンプルであるべきです。いろいろな操作をするから、いろいろなカスがたまってくるのです。

きれいな（理想のカタチの）貸借対照表を作るための方法は、本当に簡単です。**「毎年利益を出して、税金を払い、お金を残す」**。この原則を守っていれば、必ず貸借対照表がキレイですっきりしたものになっていきます。

summary

利益を出し、しっかり税金を払おう

理想的な貸借対照表、ダメ貸借対照表

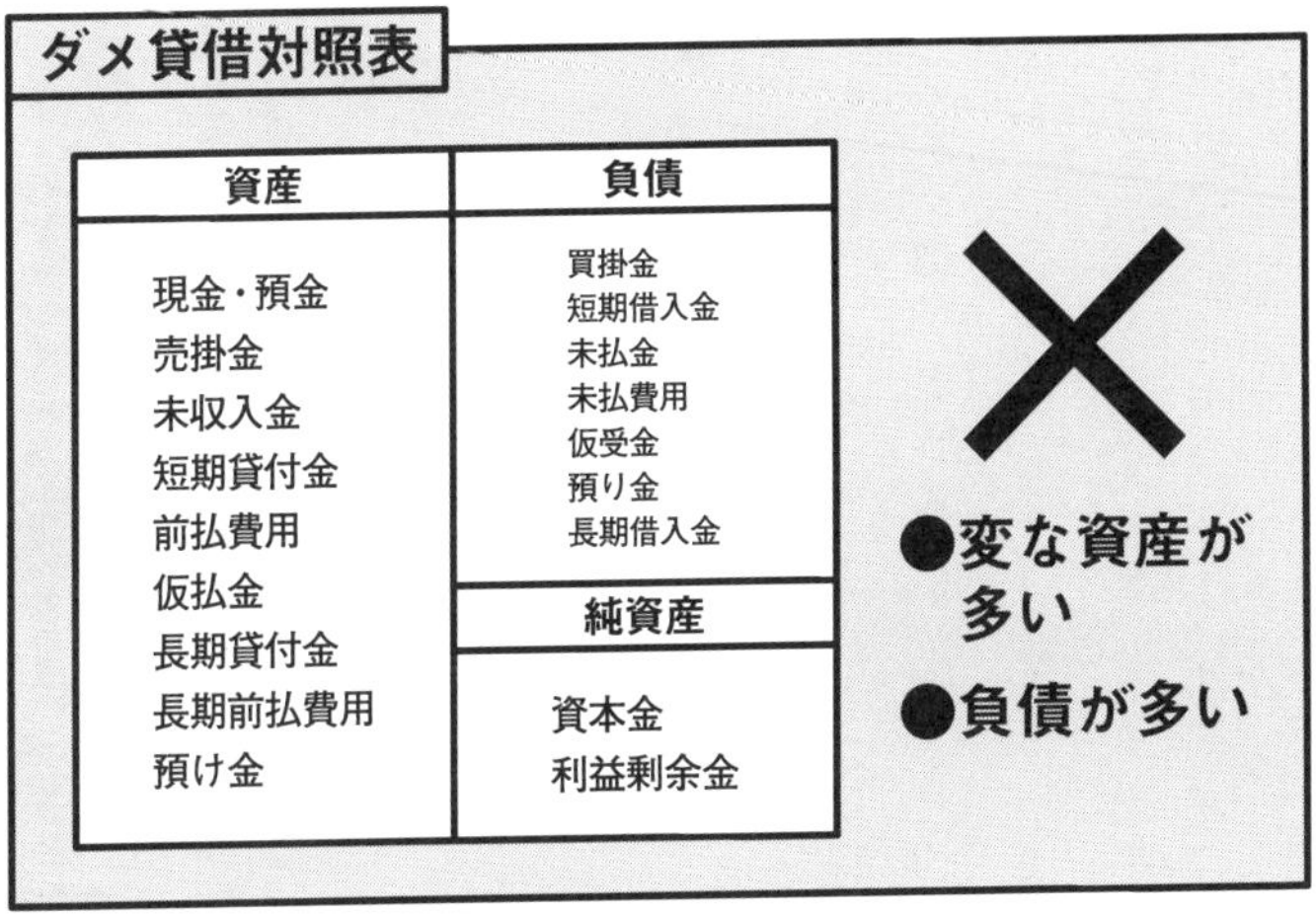

資産	負債
現金・預金 売掛金 未収入金 短期貸付金 前払費用 仮払金 長期貸付金 長期前払費用 預け金	買掛金 短期借入金 未払金 未払費用 仮受金 預り金 長期借入金
	純資産
	資本金 利益剰余金

- 変な資産が多い

- 負債が多い

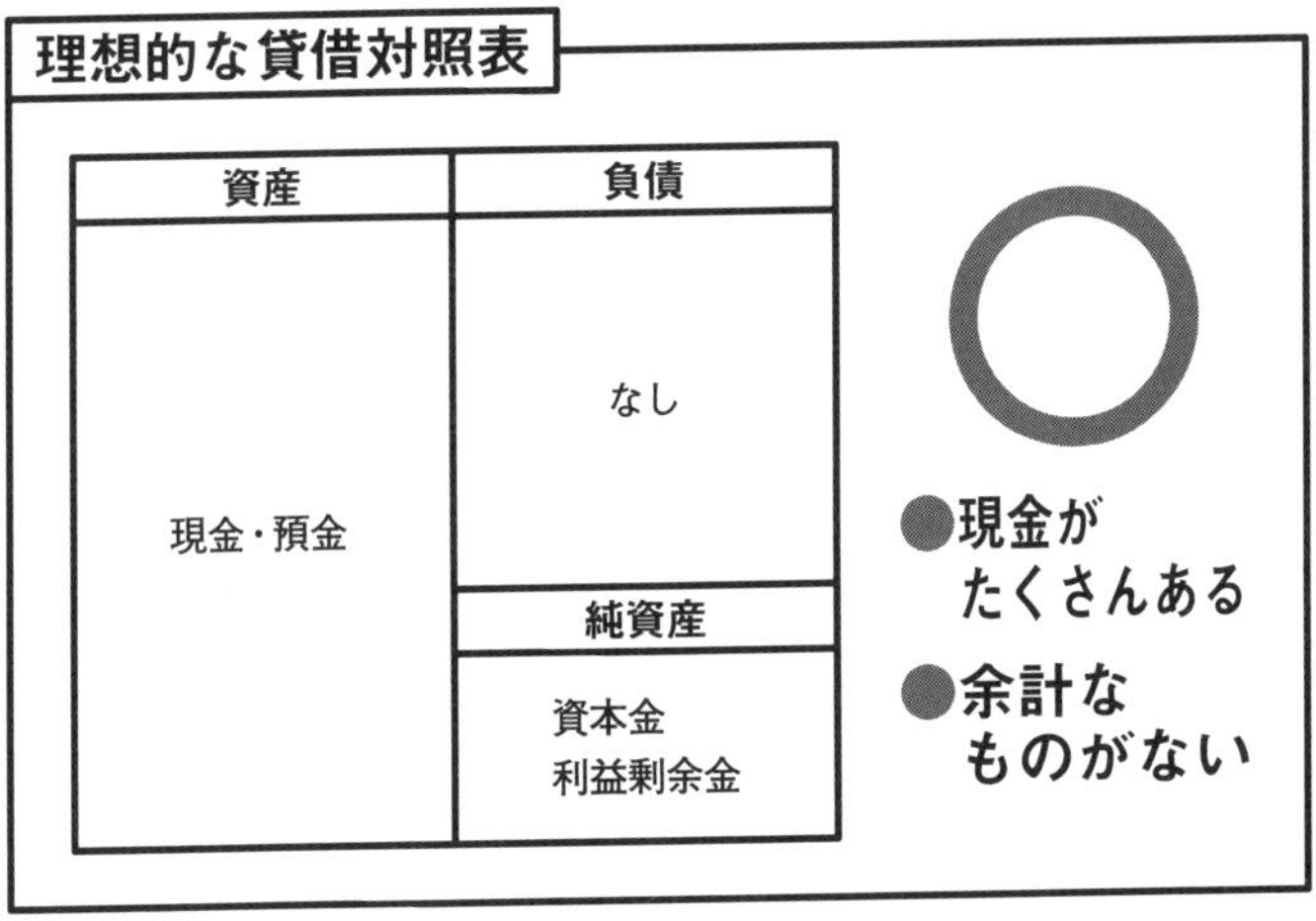

資産	負債
現金・預金	なし
	純資産
	資本金 利益剰余金

- 現金がたくさんある

- 余計なものがない

25

「お金を借りて下さい」と銀行から言わせる方法

銀行借入しやすくなるコツ

「会社の成長のためには、借入は必要」「目指せ、無借金経営」などといわれますが、中小企業の借金（借入）については、どのように考えていけばいいのでしょうか。

私は、**「借入は、できることならばしないほうがよいが、いつでも借りられる態勢は作っておく」ことが重要**だと考えています。

会社の規模が大きくなってくると、資金繰りが大変になってくるということは前に述べました。とはいえ、小さな会社においても、資金繰りはもちろんやらなければならず、現金が不足してくることも、もちろんあります。

普段現金が足りているときに、もっと現金を厚くしておこうと思って借りる場合もあります。ただ、現金が足りているのであれば、金利がもったいないため、わざわざ借りる必要もありません。しかし、万が一現金が足りなくなった場合に、「銀行などからいつでも借りられる」ようにしておけば、安心して経営にとり組めます。

とっておきの銀行交渉術

「銀行からいつでも借りられるようにしておく」といっても、そんなに簡単なことではありません。その体制を作るためには、**「まず借入を起こして、その借金を地道に返した」、という実績を作る必要があります。**

しかし、最初に借入を起こすことも簡単ではありません。ただ、まず会社を作ってからの1期目に利益を出し、税金をしっかり払っておけば、あとの戦いがラクになります。その意味でも、節税をしてわざと赤字にしたりとか、会計を操作して少しの利益でお茶を濁したりするのではなく、堂々と利益を出して、税金をたくさん払っておきましょう。

1期目にそのような状況になれば、堂々とお金を借りに行くことが可能です。まずは地元の地方銀行などに行って、少額のお金を借りておきましょう。

「しっかりした会社だ」と思ってもらう

そして、その借りたお金を、地道に返していくのです。そうすると、**銀行は「借入をしてしっかり返してくれた堅実な取引先」と見てくれます**ので、また新たにお金を借りることが可能になります。これで、「いつでも借りられる体制」ができたことになります。

それから、業種は限られてしまいますが、私がやっているような「士業」や、そのほかの業種でも信用度が高い会社に対しては、「当座貸越」を使える場合があります。

これは、「借入をすることができる枠」をあらかじめ決めておいて、資金が必要となったときに、その枠まではいつでも借りられることできる制度です。私も税理士個人としてその枠を利用させてもらっています。しっかり利益が出ている会社であれば、業種問わず、この制度を使うことができる可能性があります。チャレンジしてみてはいかがでしょうか。

summary

銀行の信用は「少額借りて、しっかり返済」で作れる

銀行借入しやすくなるコツ

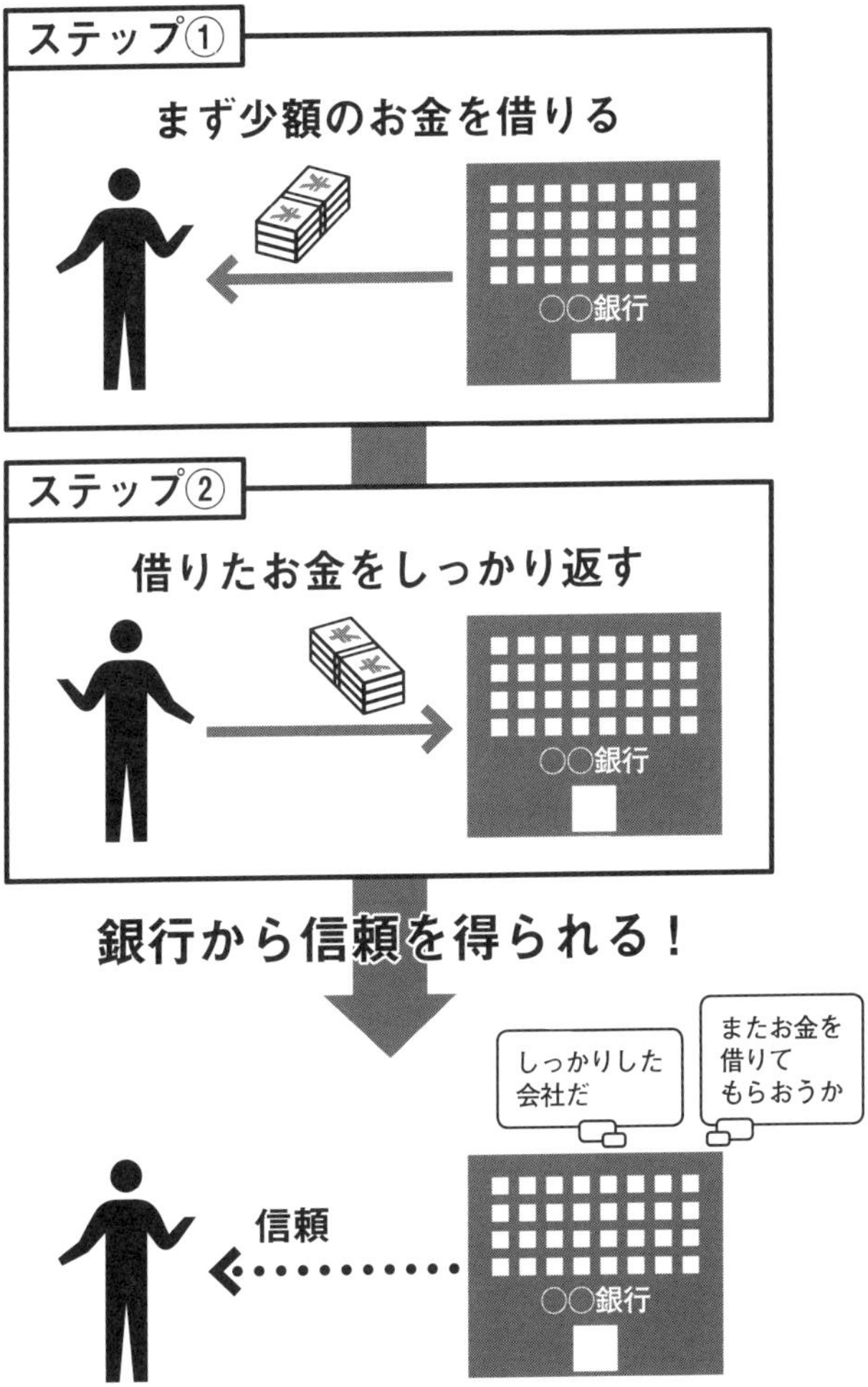
ステップ①
まず少額のお金を借りる
○○銀行
ステップ②
借りたお金をしっかり返す
○○銀行
銀行から信頼を得られる！
しっかりした会社だ
またお金を借りてもらおうか
信頼
○○銀行

第4章

できる経営者の「お金とのつき合い方」

26 役員給与は「3つ」に分ける

計画的に、そして使いすぎないように

この第4章では、会社のお金をどうするかということではなく、「個人としてお金とどうつき合っていくか」、というお話をしたいと思います。つまり、「粗利から分配された役員給与をどのようにしていくか」、さらに、「役員給与からいくら貯めて、将来どのようにしていくか」ということです。

まずは、会社の経営者としてもらった給与をどうすればよいのでしょうか。これを考えるときも、「会社で計上した粗利をどう配分するか」、と同じように考えていきます。**役員給与の配分の場合は、単純に3つに分ける**のがよいでしょう。つまり、もらった役員給与を次の3つに3等分するのです。

①税金や社会保険
②生活費
③将来のための投資

税金や社会保険については、役員給与の額が多いと税率が高くなるため、3等分（約33％）ではきついかもしれません。その場合は、役員給与から税金と社会保険を引いた金額を、生活費と将来のための投資に2分割するようにして下さい。

もちろん人によって家族構成も違いますし、生活スタイルも違いますので何ともいえないのですが、なるべく役員給与を上記の3つに3等分するようにして下さい。

住宅ローンや教育資金は「投資」に入る

なお、**住宅ローンの返済は、「将来のための投資」**に入れてもいいでしょう。住宅ローンの返済は、「将来住むところを確保するための投資」と考えられるためです。賃貸の人は、将来もずっと家賃を払っていかなければなりませんが、住宅ローンを組んで家を買った人は、住宅ローンの返済が終われば、家のための支払いがなくなります。

同様に、子どもの教育資金なども、**「子どもが将来自分でしっかりと稼ぐことができるようになるための投資」**であって、将来自分（夫婦）の生活資金が増えないようにするための投資、という考え方もできます。これらを考えながら、役員給与をなるべく上記のように3等分することを考えてみて下さい。

役員給与は、粗利の4割まで！

「生活費がかかりすぎる」からといって、その配分を増やすために役員給与を大きくするのはいいのですが、そのために会社の利益が出ないということになれば、会社もうまくまわっていかなくなります。役員給与は会社の粗利の4割程度、大きくするにしても「同年代の優秀なサラリーマンよりも少し多い程度」にしておきましょう。

summary

生活費はできる限り抑える

役員給与は「3つ」に分ける

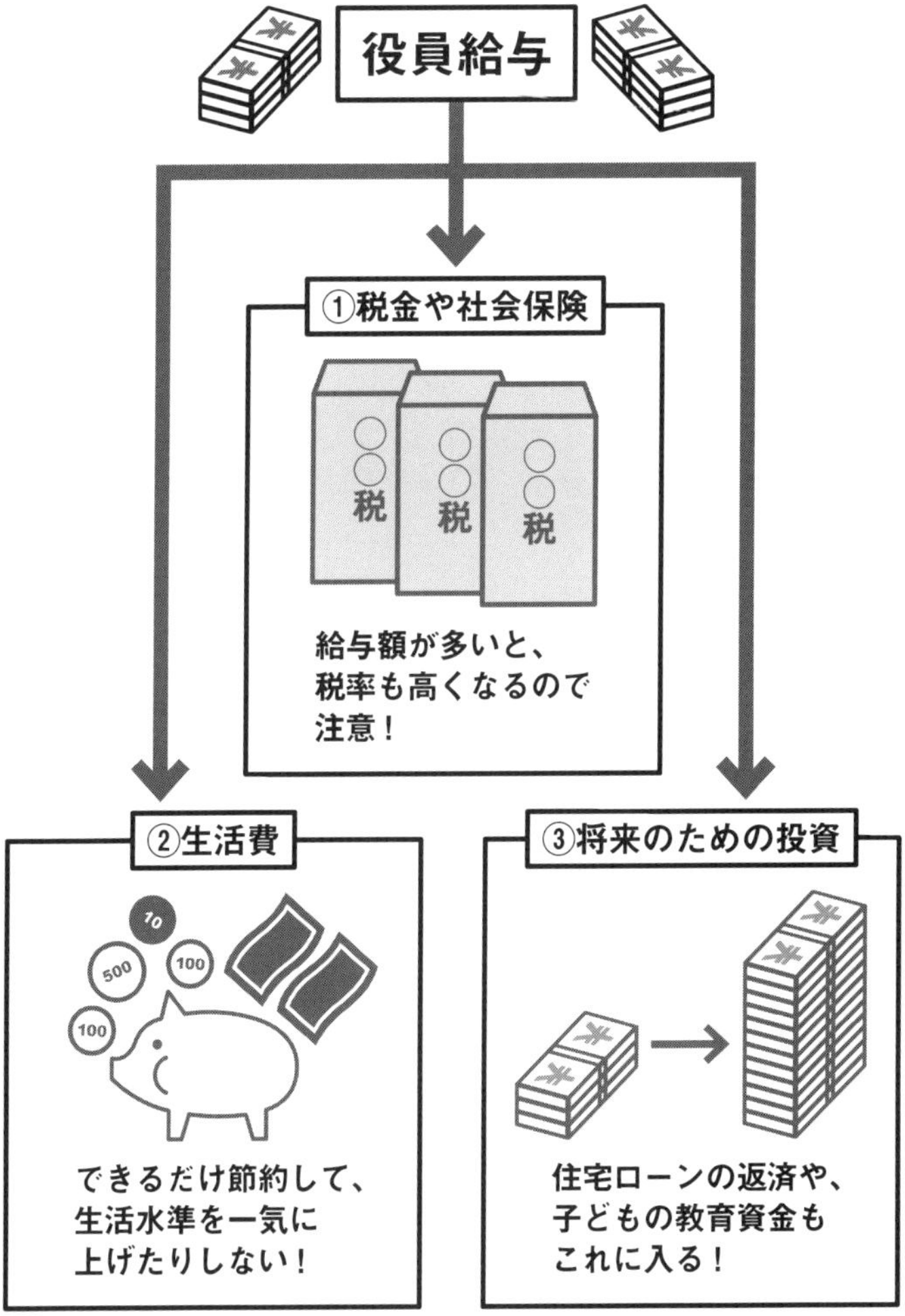
役員給与
①税金や社会保険
税
税
税
給与額が多いと、
税率も高くなるので
注意！
②生活費
10
500
100
100
できるだけ節約して、
生活水準を一気に
上げたりしない！
③将来のための投資
住宅ローンの返済や、
子どもの教育資金も
これに入る！

27

経営者をダメにするあの「誘惑」

お金があっても、生活費は増やさない

小さな会社の経営では、経営者本人の生活費を大きくしないことがとても重要になってきます。

生活費は、できれば役員給与の3分の1程度に抑えましょう。

生活費が増えてしまうと、役員給与をたくさんもらわなくてはならなくなります。役員給与をたくさんもらうためには、粗利額も増やさなければなりません。十分な粗利もないのに、役員給与をたくさん増やして、生活費を膨張させることだけは避けて下さい。将来のための投資が減ってしまい、じり貧になります。

さらに生活費は、増やそうと思えばいくらでも、すぐに増やすことができます。

「移動手段」でもこんなに差が！

例えば、移動手段にしても、歩いて行ける範囲の距離ですぐタクシーに乗る人もいます。お抱え運転手つきの車を持ちたい、という経営者もいるでしょう。しまいには、飛行機の移動も面倒くさいので、ヘリコプターや自家用ジェット機を持つ、なんてこともあるかもしれません。これは半分冗談ではありますが、移動手段1つをとってみても、お金をかけようと思えば際限なくかけることができるということです。

生活水準はなかなか下げられない

ちょっと年収が増えたからといって、お金に対する感覚がマヒしてしまい、無駄な出費を重ねる人もいます。もちろん収入が多ければ、支出できる幅も広がるので、ある程度はかまいません。ただ、一度上げた生活習慣はなかなか下げられないため、いざ生活費を減らそうと思っても、なかなか減らすことができません。

ダメ社長ほど見栄を張る

さらに重要なのが「まわりの目をまったく気にしない」ということです。

社長ともなると、いい生活をキープすることをまわりから求められるような気になってしまうことがあります。

「社長なのに、あんな車に乗っている」とか、「経営者のくせに、安いスーパーで買い物している」などという、とてもばかばかしいことを言ってきたり、噂をしたりする人がいます。そんな人のことは無視しましょう。

この**「見栄のための消費」によって、会社は儲けているのに、全然お金が貯まらない人を何人も見てきました。**自分は自分。経営者であろうがサラリーマンであろうが、生活の質とまったく関係ありません。質素にひっそりと生きることが将来に必ずつながります。

summary

まわりの目は気にせず、見栄のための消費はしない

お金があっても「見栄」を張らない

移動は
いつもタクシー
TAXI
高級外車を
買う
ブランド品
ばかり買う
高級マンション
を買う

会社が儲かっても、
全然お金が貯まらない！

28

「何歳まで仕事し、何歳まで生きるか」を決める

今すぐ、人生設計を始めよう

この章のはじめに、「役員給与を税金、生活費、将来への投資に3分割する」と言いました。これは、「今稼いだお金を、今の生活費と、将来働かなくなったときの生活費にバランスよく分ける」ということでもあります。

さてここでは、お金の分配とは別に、今すぐあなたにやってほしいことがあります。

まず、**「死ぬであろう年齢」**を決めて下さい。死ぬ年齢については、勝手に決めてもOKです。健康状態や親の年齢・健康度などから想像してもいいですし、「ここまでは生きたいな」という年齢でもかまいません。

そして、**「何歳まで仕事をしてお金を稼ぐか」**も決めて下さい。サラリーマンでなけれ

ば、何歳に設定しても大丈夫です。ただ、現実的に仕事ができそうな年齢で、「ここまでは仕事してもいいかな」と思えるような年齢にして下さい。

もし、80歳で死ぬとしたら?

例えば今40歳で、死ぬ年齢が80歳、仕事をしてもいいな、という年齢が60歳だとすると、稼ぐ期間が20年、引退後（働かない期間）が20年ということができます。

そうすると、**引退後の20年分の生活費を、単純に言って引退までの20年で貯めなければならない、**ということになります。

例えば引退後、毎年300万円が必要というのであれば、今から20年、毎年300万円を貯める必要があるということです。もちろん、今からちゃんと投資をしていけば、複利で増えていくのですが、それを考慮せずに保守的に考えていきます。

そして、毎年300万円を貯めるためには、税金、生活費、将来投資が3分の1ずつなので、生活費も300万円に抑える必要があります。

仮にこの場合、70歳まで働くのであれば、引退後10年の生活費を30年（40〜70歳）で貯めればいいので、生活費3に対して将来への投資1ですむわけです。つまり引退後の生活費が年間300万円であれば、毎年100万円貯めればいいことになります。

いつか、必ず働けなくなる日がくる！

では、このような考え方はどうでしょうか。

「死ぬ直前まで働くから、老後資金は不要。今の生活を楽しむ」

これが本当にできるのであれば、確かに引退後の生活費を貯めておく必要がなくなります。この場合は、役員給与の分配が、「税金1／3、生活費2／3」でも大丈夫ですね。

ただ普通は、必ず働けなくなる日がきます。だから、ある程度がんばったあとは、好きなことをやりながら残りの人生を過ごすほうがいいと思いますので、**引退後の生活費を、今から貯めておく**のがいいでしょう。

summary

「働く期間」と「リタイア期間」を考える

「働く期間」と「リタイア期間」を決める

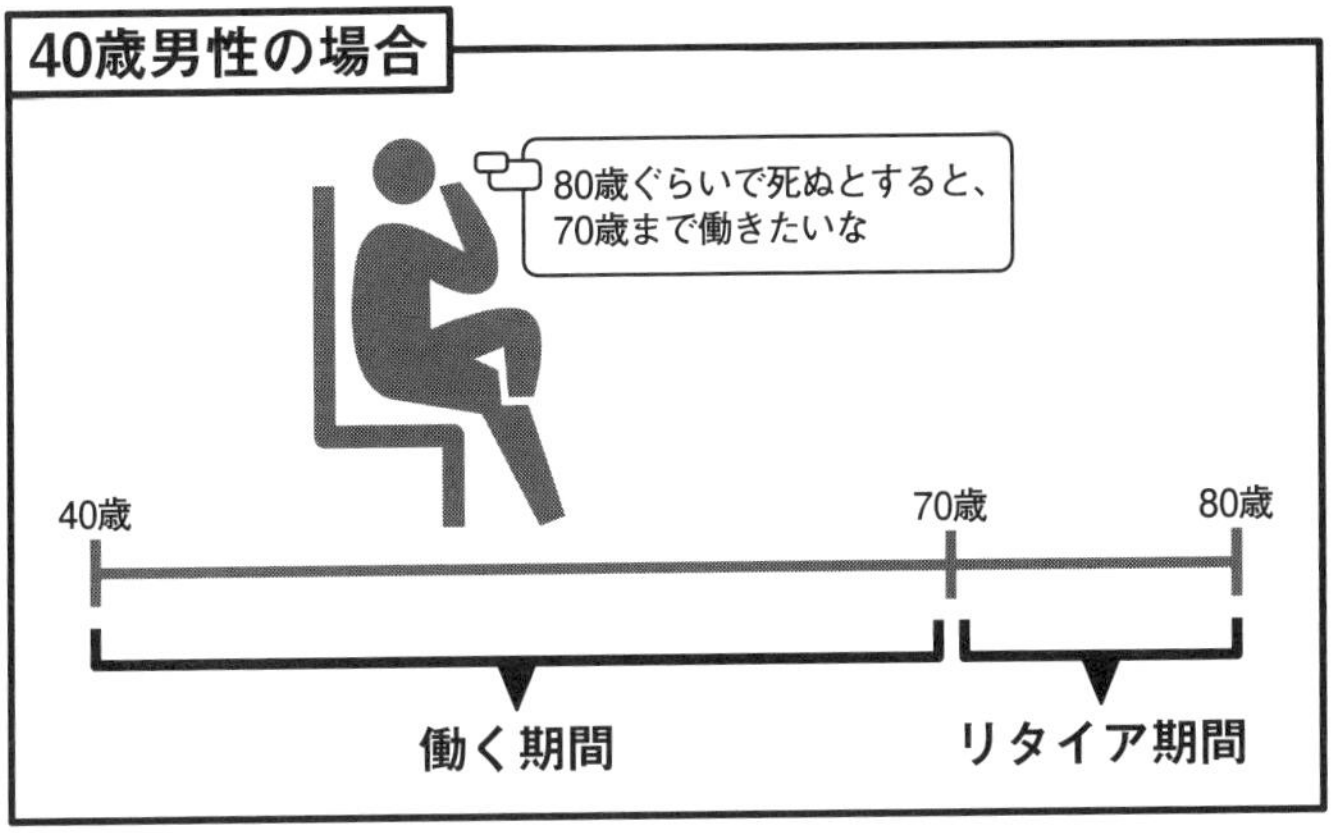

●リタイア期間の生活費

月25万円かかると仮定すると、
25（万）×12（月）×10（年）＝3000万円

ということは…

40歳から70歳の30年間で、
毎年100万円を貯めておけばいい！

29

持ち家と賃貸、どっちがオススメ？

それぞれにメリット・デメリットがある

「家は、持ち家にするのがいいか、賃貸がいいのか」というような話をよく聞かれます。雑誌などでも特集が組まれたりするように、その話はみなさん興味が尽きないようです。

「個人の好み・考え方に合わせて選べばいいのではないか」が私の意見です。

家を借りるか購入するかということについては、どちらにもメリットもデメリットもあり、まとめると次のようになります。

【賃貸】

メリット……住宅ローンがなく、ライフスタイルに合わせて、引っ越しも容易

デメリット…一生家賃を払い続けることになる

【持ち家】
メリット……購入後、ローンを払い終えたあとは、家が「財産」になる
デメリット…長期間の住宅ローンを抱え、ライフサイクルの変化にも対応できない

賃貸にする場合は、家賃を一生払い続けなければなりません。リタイア後も住む家が必要になりますので、死ぬまで家賃を払い続ける必要があります。子どもの家に同居させてもらう、という場合もありますが、あくまでもそれは例外と考えて下さい。

逆に持ち家の場合は、ローンの支払いが終わってしまうと、家に対してお金を払う必要がなくなります。ただ、20～30年あたりからリフォームなどの代金が発生します。

したがって、先ほども出てきたように、住宅ローンの返済額は、「将来（引退後）家賃を払わなくてすむための投資」ということもできるでしょう。

持ち家を選ぶ2つのポイント

持ち家の場合に気をつけるべきことは2つです。「なるべくなら価値の下がりにくい物件を買う」ことと、「ローンの期間をなるべく短くする」ことです。

要するに、「買った物件を今売った場合の金額」から「住宅ローンの残高」を引いたときに、プラスになることが重要です。**このような物件は、いざというときに売れば、現金が手に入ります。それが本物の「財産」**といえるのです。

価値の下がりにくい物件とは、例えば駅に近いとか、公園がすぐ近くにあるなど環境の良いところにある物件などです。

私は特に意識せずにマンションを購入したのですが、たまたま南側に大きめの公園があったり、まわりの環境が良かったりして、まだほとんど値下がりしていません。

住宅ローンについては、とにかく今の金利が安い状況で、なるべく期間を短くしておくのがよいでしょう。長い期間のローンを組んでしまうと、はじめのころは金利ばかり払う形になり、なかなか元本が減らず、苦労するからです。元本がたくさん残っているため、売ってもマイナスということもよくあります。

summary

自分の価値観・考え方に合わせて選ぼう

持ち家と賃貸、メリットとデメリット

	○ メリット	× デメリット
持ち家	●家そのものが資産になる ●家を持つことの満足感がある	●長期間のローンを抱える ●ライフサイクルの変化に対応できない
賃貸	●ライフサイクルの変化に対応できる ●大きな負債を抱えない	●一生家賃を払い続けることになる ●契約の継続性に不安がある

自分の価値観に合わせて選ぼう！

30

今のうちから「じぶん年金」を作っておく

国に頼るのはやめたほうがいい

じぶん年金とは、「自分でお金を貯めるなり運用するなりして、働けなくなったあとにお金がもらえるような仕組み」のことを指します。

公的年金（国が国民のために集めて運用して分配する年金）が今後あてにならなくなっていくことを背景に、「じぶんで年金を作って、老後に備えよう」という考え方をする人が増え、いろいろなところでいわれるようになってきました。

実際にこの「じぶん年金」、小さな会社の経営者も作る必要があります。

「年金制度は崩壊する」「崩壊しない」など、いろいろな議論がされていますが、人口の分布状況を見ていると、どう考えてもうまくいかないのではないかと思っています。

年金制度はもう限界！

現行制度は「賦課方式」といって、現役世代（働いている人）が年金の保険料という名目でお金を出し、リタイア世代を支えています。まだ現役世代の人口が多いので、問題は大きくなってはいません。しかし、これからどんどん現役世代がリタイア世代に進行していき、人口構成が変わってくるでしょう。

もう間もなく、**現役世代の人よりも、リタイア世代の人のほうが多くなっていき、どんどんその差は広がっていきます。**そうすると、もうリタイア世代が現役世代に支えてもらうことができなくなるでしょう。

自分が積み立ててきた分からしかもらえないという「積立方式」であれば話は違いますが、現在の「賦課方式」では限界が見えています。

かといって、税金を増やし、そこから年金にまわすのも同じように限界があります。年金も税金も、所得の再分配（所得の多い人から集めたものを、所得の少ない人にまわすこと）をしているという意味では同じですので、結局若い世代が少なくなると、税収も減ることになり、同じことになります。

自分の身は自分で守る

「増税反対！」と言っている人の中には、「自分がもらう年金は当たり前のようにもらいたい。でも増税は反対！」という人がいますが、それは無茶苦茶なことです。

税金を増やしたくなければ、年金を多くもらうことをあきらめなければなりません。年金をもらいたいのであれば、増税を受け入れるべきです。どちらにしても、厳しいことに変わりはありませんが。

このように、**年金は将来あてにできないということが明白**ですので、自分で年金のようなものを作っていく必要があるのです。

第5章でお話しする「投資」を参考に、ぜひ「じぶん年金」を作っていって下さい。

summary

自分だけの年金システムを作ろう

年金、これからどうなるの？

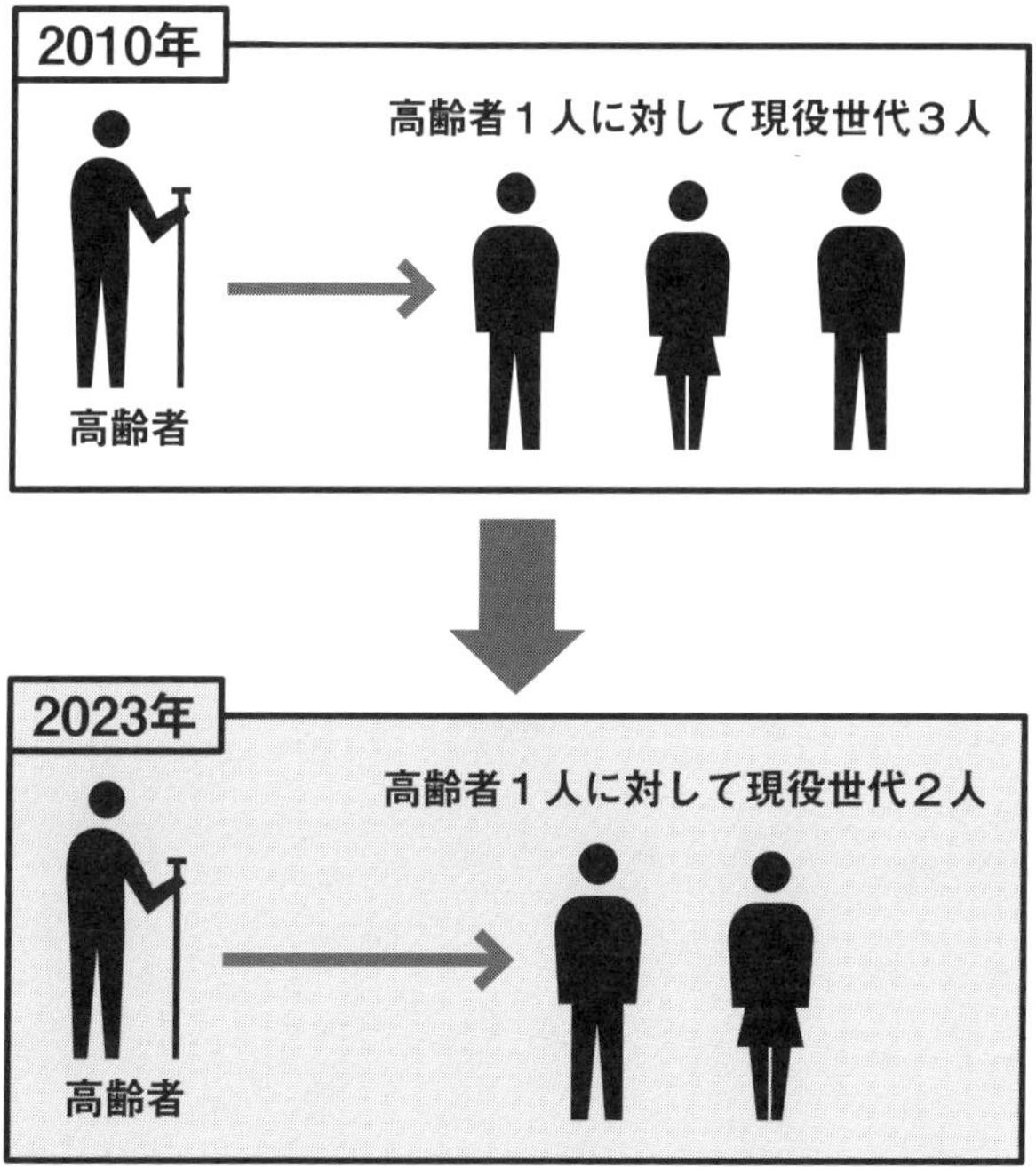

**今後どんどん厳しくなっていく国の年金制度。
今のうちから、自分だけの年金システムを作ろう**

第5章

余剰資金を「投資」して、お金を守る

31

預金は、「日本円への投資」と同じ

投資によって、お金を働かせよう

この第5章では、小さな会社を経営する人が、自分の資産をどのように運用していけばいいのかというお話をしたいと思います。ポイントは「投資」です。

さて、具体的なお話をする前に、混同されがちな「預金」と「投資」の違いについて考えてみましょう。この2つは共通点もありますが、やはり違うものです。その違いを端的にいうと、

「預金」＝銀行にお金を預けること
「投資」＝収益を得るために「何か」にお金を預けること

なのです。

「預金」の場合は、元本（預けたお金）保証があるため、利息も非常に低く、2012年10月現在、普通預金の利息は0・02％です。

例えば100万円を1年入れておいたとしても、利息は2000円です（実際には税金がかかるので、1600円になります）。

お金を「眠らせる」のはもったいない！

一方「投資」の場合は、元本保証がない代わりに、リターンも多く得られる場合が多々あります。これについては、「期待するリターンが大きければ大きいほど、リスクも高まる」と考えて下さい。

「元本保証がない」のは確かにリスクですし、なかなか気が進まない方もいらっしゃるかもしれません。

ただ私は、**せっかくのお金を活用せずに眠らせることのほうが、よっぽどもったいない**と思っています。

1年でこんなに差が出る

仮に、預金口座に預けっぱなしにするのではなく、投資をして、年3％の金利で利息を得ることができるのであれば、100万円が1年で103万円になります。さらに増えた3万円を元本として残しておくことで、2年後には103万円に対して金利がかかります。年3％のリターンはそこまで難しいものではありませんので、170ページから具体的に考えていきましょう。

また別の側面からも、私は「投資」をオススメしています。なぜなら、**「預金」（通常の国内での預金）しか持っていないということは、「日本円に集中投資している」**といえるからです。もしインフレなどが起こり、日本円の価値が大幅に下がってしまった場合は、日本円に集中投資していることがマイナスになります。

summary

「預金」だけではなく、「投資」も視野に入れよう

預金と投資は何が違うのか？

預金＝銀行にお金を預けること

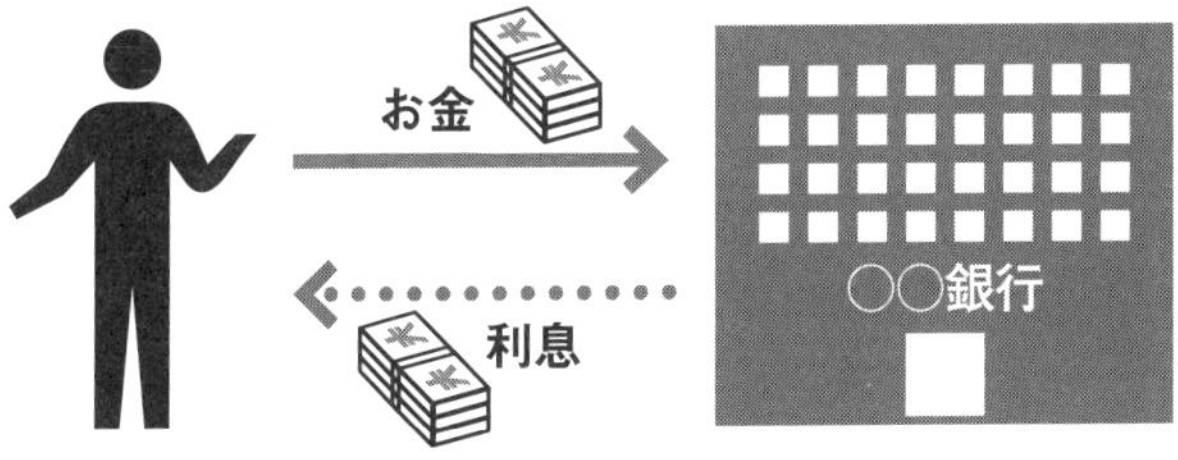

元本保証があるため、利息は低い。
お金を眠らせている！

投資＝収益を得るために「何か」にお金を預けること

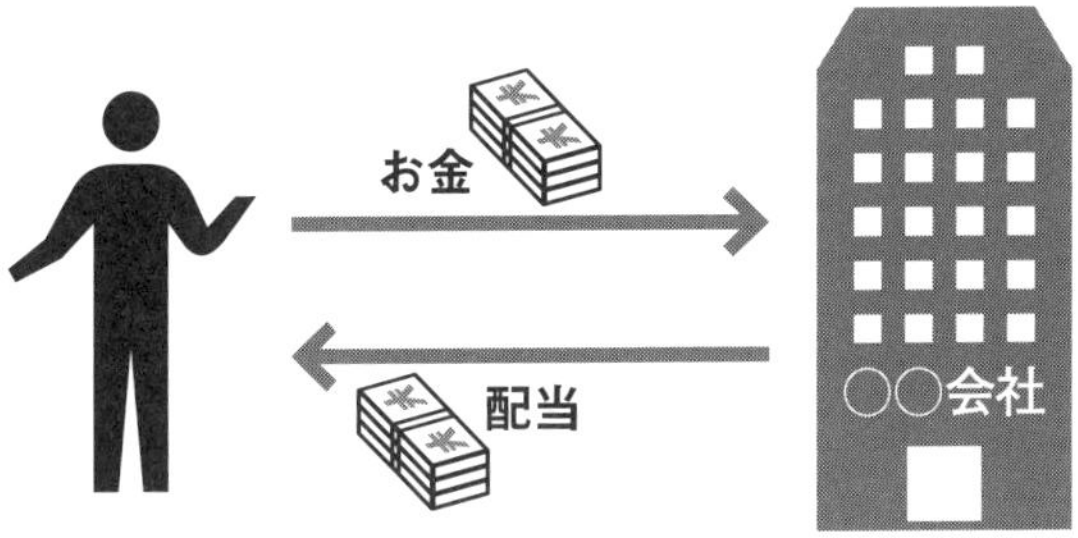

元本保証はないが、リターンが高い。
お金を働かせている！

32

「投資」は、ギャンブルではない

経営者が考えなければならない「2つの投資」

資本主義における投資とは、投資の元本（お金）を増殖させるために、現在ある資本を投入することです。

例えば、**財産をつぎ込んで会社を作るのも「投資」です。また、リターンを得るために、投資家として、別の会社の株式を購入するのも「投資」だといえます。**

この本の中心命題となる「小さな会社の経営」で、投資について考えなければならないことは2つです。

1つは、「株主として自分が経営する会社に投資するとき」。

もう1つは、「会社の余剰資金を、別の『何か』に投資するとき」。

どちらも、「投資」という意味では本質的に同じですが、リスクとリターンについては、分けて考えていかなければなりません。

自分の会社に投資する場合は、とてもリスクが大きいため、多くのリターンを得る必要があります。第3章で述べたように、税引き後で資本の60％程度のリターンを毎年得るような設計をしなければなりません。

「リスク・リターン」のバランスをとろう

小さな会社の経営者は、そのように大きなリスクをとっているため、余剰資金を別の会社に投資する場合は、ある程度リスクを抑えたほうがいいでしょう。例えば年利で3～5％くらいを毎年得られるような設計をしたほうが無難です。

たまに、「投資はギャンブルだから、やらない」などという人がいますが、投資はギャンブルではありません。ギャンブルは非常にリスクが大きく、リターンをたくさん得られる可能性もありますが、大概は「テラ銭」と呼ばれる主催者のとり分が自動的にとられてしまうため、リターンが低くなることがほとんどです。株式投資にもギャンブル性はありますが、「テラ銭」などはなく、非常にフェアだと思います。

「だまし話」のカラクリ

ただ、私のお客さまでも、ギャンブルのような「投資話」にだまされてしまった方がいます。このような「だましの投資話」には特徴があります。「年率18%」などと、運用益の率がとても大きいのが特徴です。常識的に考えて、年率10%を超えるようなリターンがある投資話は怪しいと思って下さい。そんなに儲かるのであれば、その人が黙ってやればいい話です。人にすすめるのはおかしいと思ったほうがいいでしょう。

投資のことを考えるときは、なるべく人任せにせず、自分で調べて、自分で判断するようにして下さい。そして、世間一般にいわれる「投資」のイメージに惑わされないようにしましょう。

summary

投資はギャンブルではないので、食わず嫌いをしない

経営者にとっての「理想的な投資」

①自分の経営する会社への投資

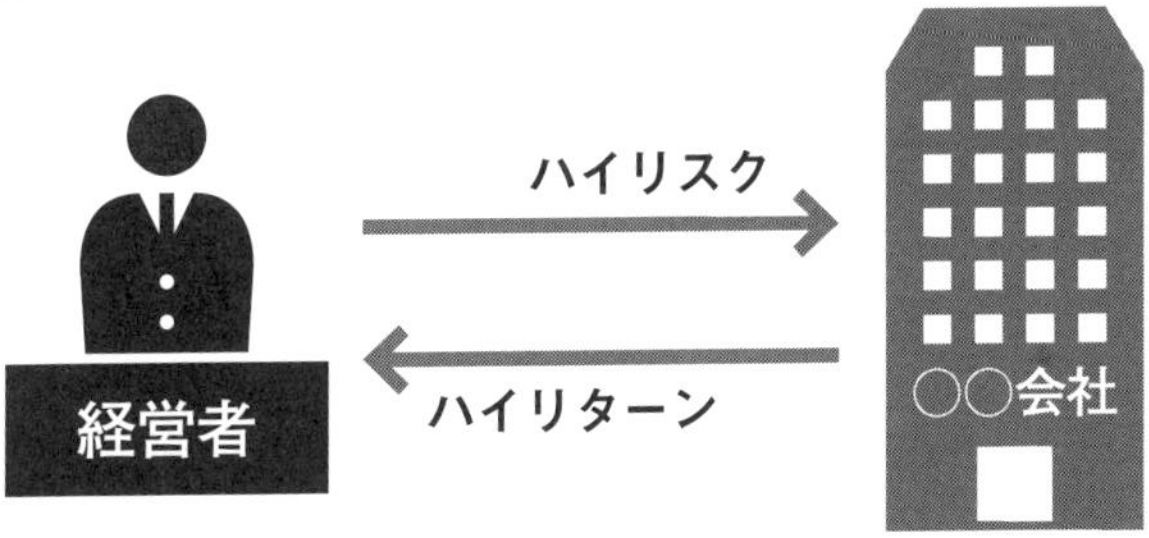

倒産などの大きなリスクを
背負うため、リターンも大きい

②余剰資金を別の会社に投資

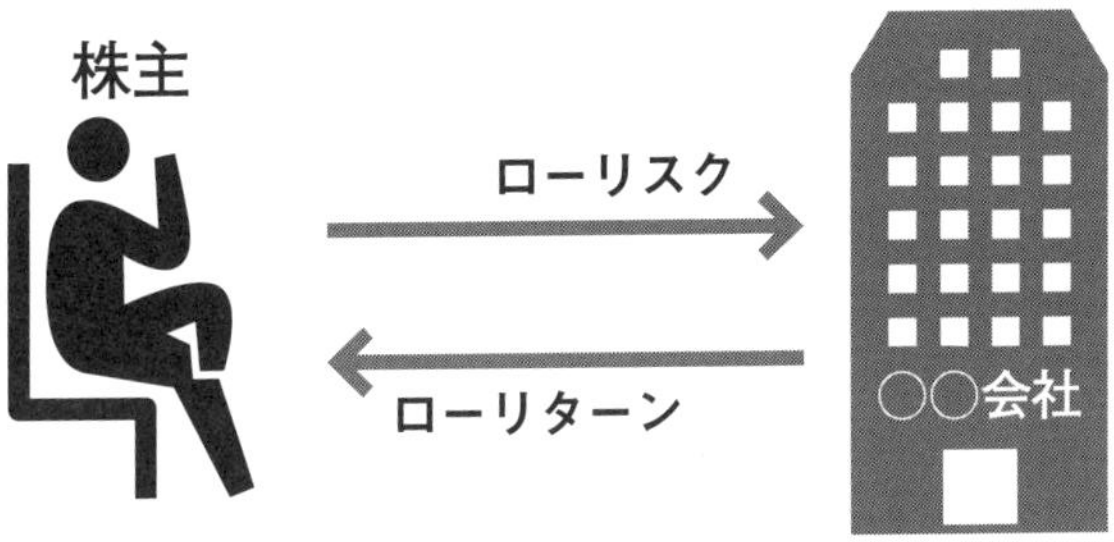

すでに経営者として大きなリスクを
背負っているため、リスクを抑えるべき

33

一括投資ではなく、積立投資がオススメ

期間を決めて、コツコツ積み立てる

投資についてのイメージが固まったところで、実際に、個人としてどのように投資をしていくかということを考えていきましょう。

読者のみなさんにオススメしたい投資法は**「定期的に決まった金額を積み立てる、自動積立」**です。では、具体的なやり方を見ていきましょう。

まず、「投資する期間」を決めて下さい。第4章で、「役員給与の1／3を投資していく」というお話をしました。つまり、投資する期間というのは、「役員給与をもらう期間、現役で仕事をする期間」なのです。

例えば現在40歳で、「65歳で仕事を引退する」と決めているのであれば、65－40で25年

が投資をする期間ということになります。投資をする期間が25年であれば、その25年間、毎月コツコツと積み立てていきましょう。

月10万円を25年間続けると…

仮に、月10万円を投資していくことができれば、年間で120万円になります。通常毎年のリターン（利息）が発生しますが、もしリターンがなかったとしても、25年間貯め続ければ3000万円になります。仮に65歳以降25年間（90歳まで）生きると仮定しても、毎年120万円使えるということです。

実際には、次の項以降で述べる方法で貯めていけば、3～5％のリターンを得て、それを元本に組み入れることで、複利の力を利用して、どんどん財産を増やしていくことも可能です。

先ほど、**毎月10万円で投資できれば25年間で3000万円になるといいましたが、年率3％で毎年運用しながら貯めていけば、25年間で4500万円以上になります。**

それから、投資をする際には、自動的に貯めていくことも肝心です。完全に自動化するのは難しいのですが、例えば役員給与の振り込み口座を証券会社の口座にして、何も考えずに一部が投資にまわる、という感じにして下さい。

自動積立をオススメする理由

「なぜ自動積立のほうがいいのか」と、疑問に思われた方もいらっしゃるかもしれませんが、**「自動積立だから、労力がかからない」「投資計画が立てやすい」という2つのメリット**があるからです。

また、もう1つ理由がありまして、「ストレス」の問題からも、自動積立をオススメしています。投資を始めると、ちょっとした値上りや値下がりに一喜一憂しがちになり、本業がおろそかになることもあります。

summary

定期的に決まった金額を積み立てよう

投資スタイルは、「一括」ではなく「積立」で

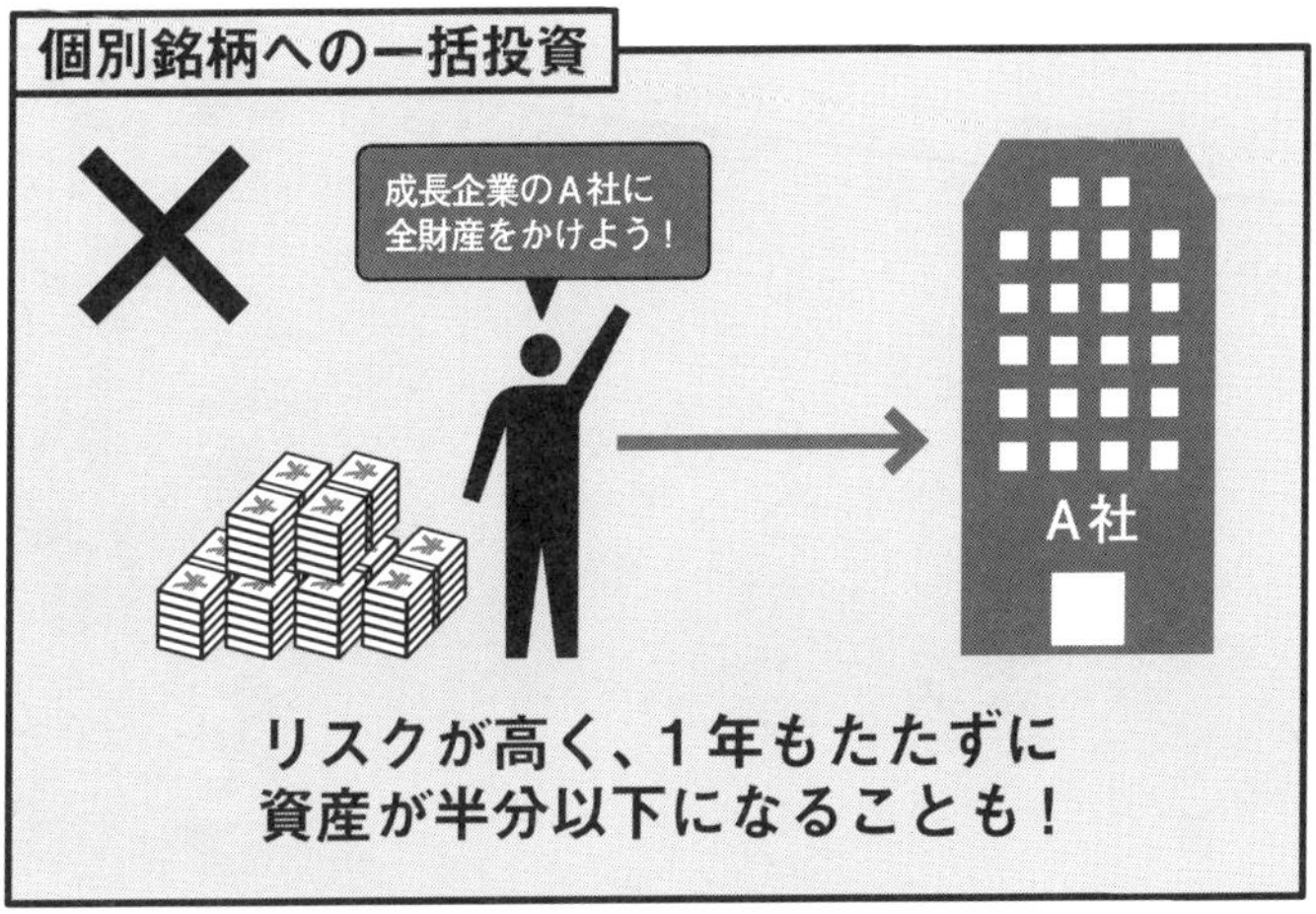
個別銘柄への一括投資
×
成長企業のA社に
全財産をかけよう！
A社
リスクが高く、1年もたたずに
資産が半分以下になることも！

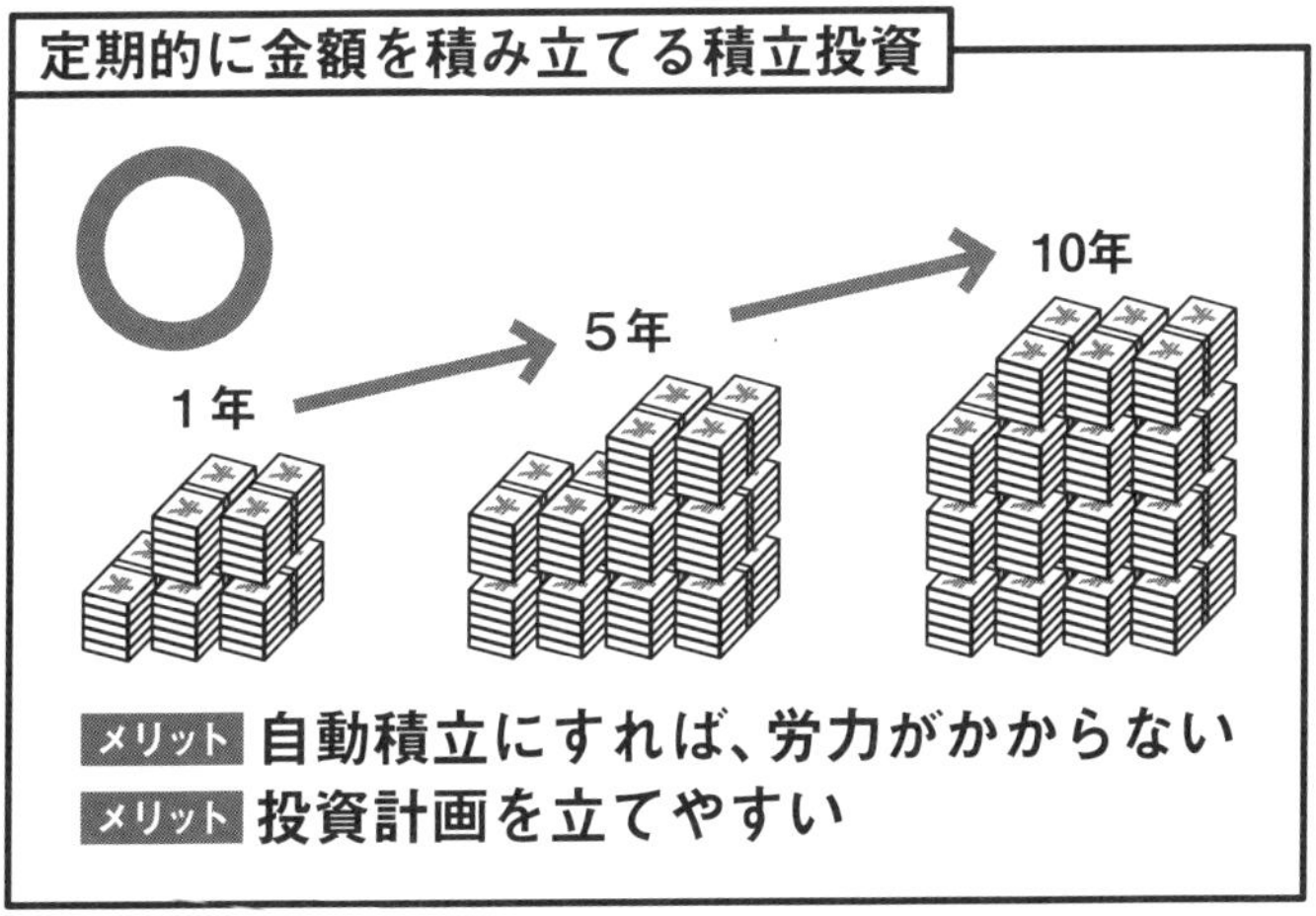
定期的に金額を積み立てる積立投資
○
1年
5年
10年
メリット 自動積立にすれば、労力がかからない
メリット 投資計画を立てやすい

34 ポイントは「世界全体」を買う

分散投資のとっておきのコツ

さて、ここからは核心部分の「どんなものに投資をしていくのか」という話です。

まず前提として確認しておいてほしいのですが、この投資は何のためにやるものなのでしょうか。

「仕事を引退したあとの生活費、あるいは、好きなことをするための資金」を貯めるためのものですよね。それならば、その目的に合った投資をしていきたいものです。

その期間は割と長く、10～30年（あるいはもっと長く）くらいになると思いますが、大事なのは、**「貯める期間の最後あたりで、資産が最も増えている状態」を作る**ことではないかと思います。

この投資はわりと長期的に考えていくものですから、短期的に利益が出ても、あまり意味がありません。「投資期間の最後」で資産が増えているようにするのが重要です。

そのため、長期的にある程度予想がつく指標をもとに投資をしていく方法が良いと思っています。私は、今後の世界の人口動態などをもとにした、経済予測を使っています。

私は、ポートフォリオをこう作った!

私の場合、約20年間投資をすると決めていますので、20年後に世界がどうなっているか、ということを考えています。そして、**「20年後に世界の国々のGDPの比率がどのようになっているのか」、というのを調べて、その比率に近い割合で投資をしています。**

例えば、先進国の株式の価格に連動する投資信託を○○%、新興国の株式の価格に連動する投資信託を△△%といった具合に投資対象としています。

これらの投資信託は、先進国や新興国の株式などの価格に連動するものです。よって、それらの国々の経済規模が大きくなればその投資の元本も大きくなっていきます。

これから20年くらいの単位で見れば、世界の人口も増えますし、全体の経済規模は少しずつ大きくなっていくと予想しています。だから、世界全体の経済に連動する投資信託を買うことで、「世界全体を買っている」ということができると思います。

参考までに、私が実際に組んでいる金融商品の組み合わせは、以下の通りです。

・先進国株式　26%
・新興国株式　26%
・先進国債券　17%
・日本株式（TOPIX連動）　17%
・金《きん》　14%

まだまだ世界経済も流動的ですので、これからも変更していき、1～2年後にフィックスしようと思っています。

summary

日本だけではなく、「世界全体」に投資しよう

分散投資を心がけよう

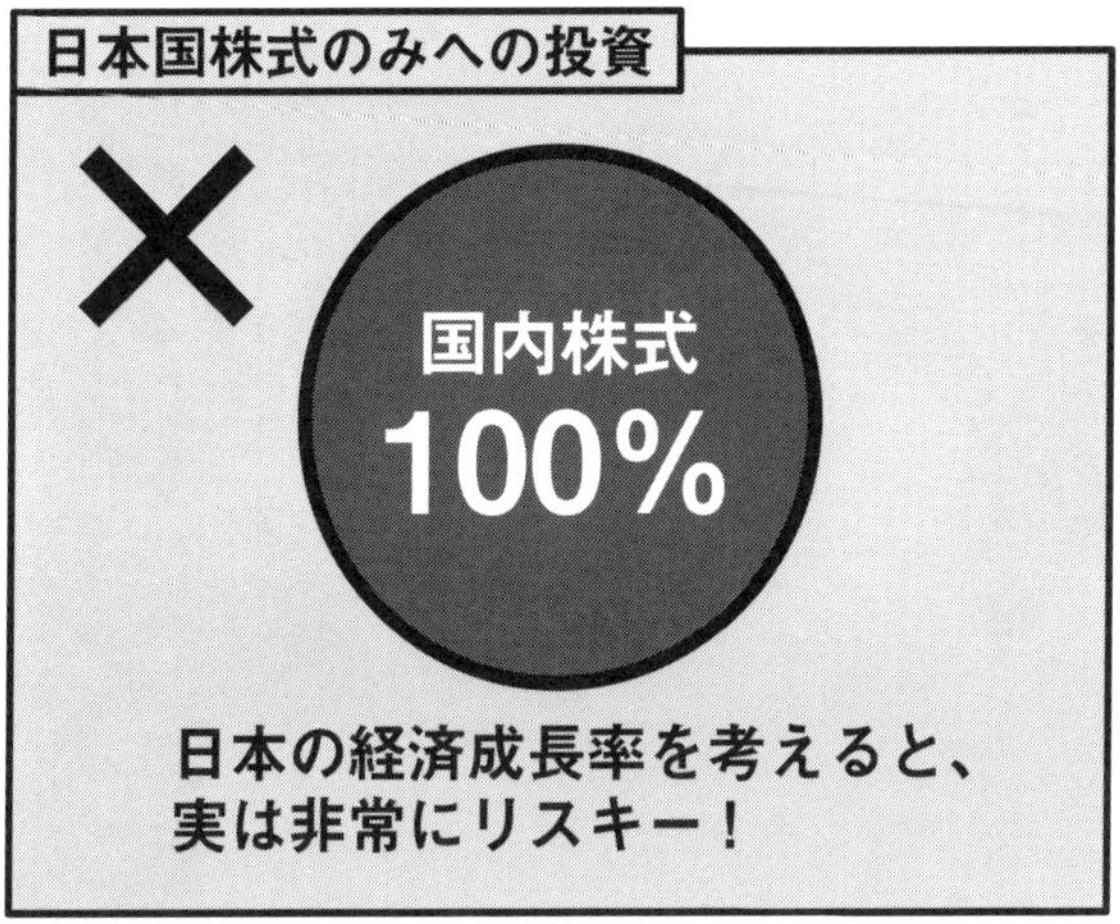
日本国株式のみへの投資
×
国内株式
100%
日本の経済成長率を考えると、
実は非常にリスキー！

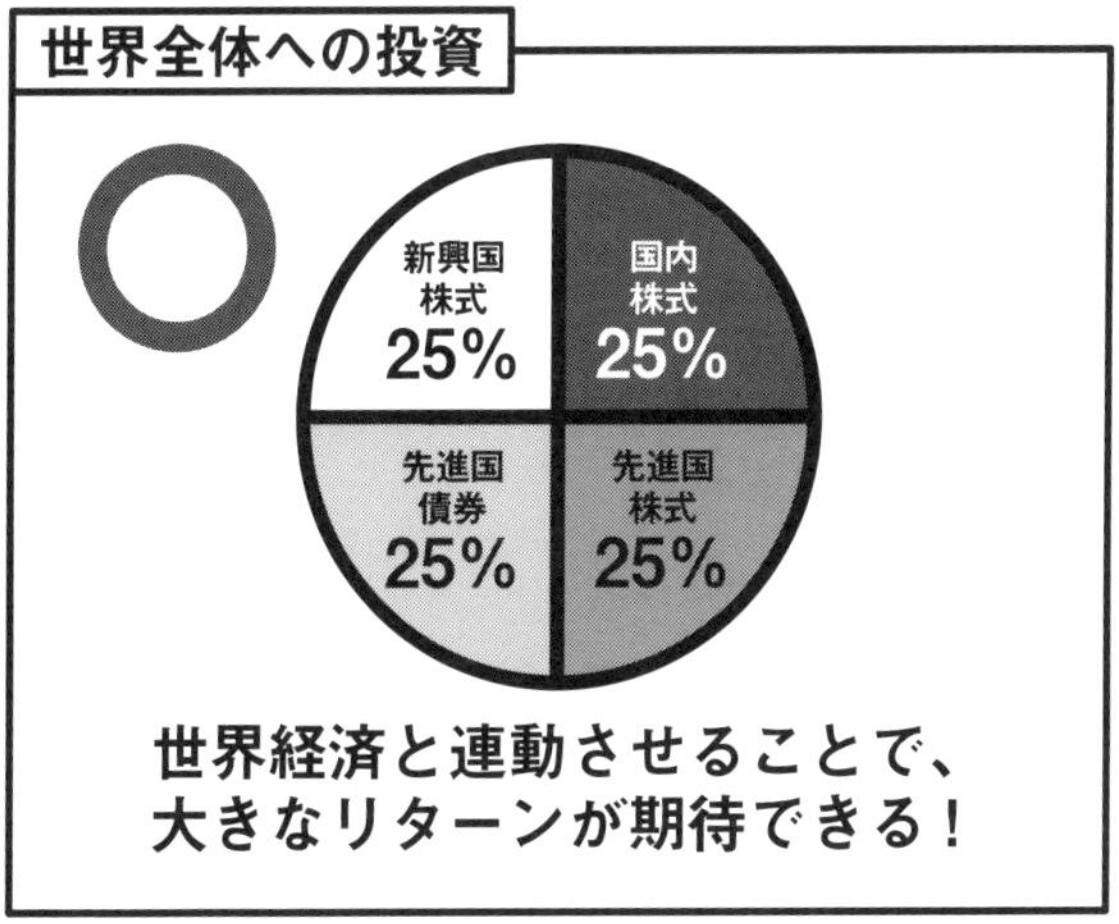
世界全体への投資
○
新興国
株式
25%
国内
株式
25%
先進国
債券
25%
先進国
株式
25%
世界経済と連動させることで、
大きなリターンが期待できる！

35

今すぐ、インフレ対策を行う

日本紙幣が紙クズになる前に！

先ほど、投資の対象として、「世界全体」に投資するというお話をしたのですが、それとは別に、考えておいたほうがよいことがあります。それは、「インフレ対策」です。

ご存じの方も多いと思いますが、インフレを簡単に説明します。インフレとは、物価が持続的に上がってしまう状態のことです。インフレになると、物価が上がるため、それと反比例して、お金の価値が下がってしまいます。

そのため、**たくさんの財産を持っている人は、相対的にお金の価値が下がりますから、持っているお金が目減りします。**古くは、第一次世界大戦後のドイツ、２０００年代でも、トルコやジンバブエでインフレが起こっています。

「デフレ、デフレ」と騒がれていますが、このインフレになったときのほうがよほど恐ろしいと思っています。

それは、「これまで築いてきた財産が一気に失われる」という可能性があるからです。

だからこそ、インフレになったときの対策を今から考えておくべきだと思っています。

その対策としては、「お金（日本円）やそれと同等のものをなるべく持たないようにする」が有効ではないでしょうか。

紙幣だけでなく、「モノ」を持っておこう

日本円以外のもので何があるかというと、外貨、不動産、株式、金などが代表的なものとして挙げられます。外貨も、結局は日本円に換えなければならないということを考えると、**不動産や株式、金などの「モノ」をある程度持っておくのが賢明**かもしれません。現在、現金や預金としてたくさんお金を持っているのであれば、それらに少しずつでも分散しておくのが、インフレ対策になります。

私自身は、役員給与の一部で、金を毎月購入しています。田中貴金属などで、毎月金の

積立投資のようなものができますので、それを利用して毎月金を少しずつ買っています。金については、価格が値上がりするのを狙って買っているわけではありません。インフレ対策として、「日本円をたくさん持っているよりはまし」という考えです。

金をオススメする理由

金は希少価値があるものですので、大きく価値が下がることはおそらくありません。逆にお金（紙幣）は、国がその気になればいくらでも発行できるものなので、価値が下がる可能性が高いと思っています。**金を売買できるところは世界中にたくさんあるため、流動性が高いという意味においても金を持っておくのがいい**かもしれません。

大きなインフレが起こる可能性はそこまで高くありませんが、ある程度の対策を立てておきましょう。

summary

不動産、株式、金などの「モノ」を持っておこう

インフレ対策をやっておこう

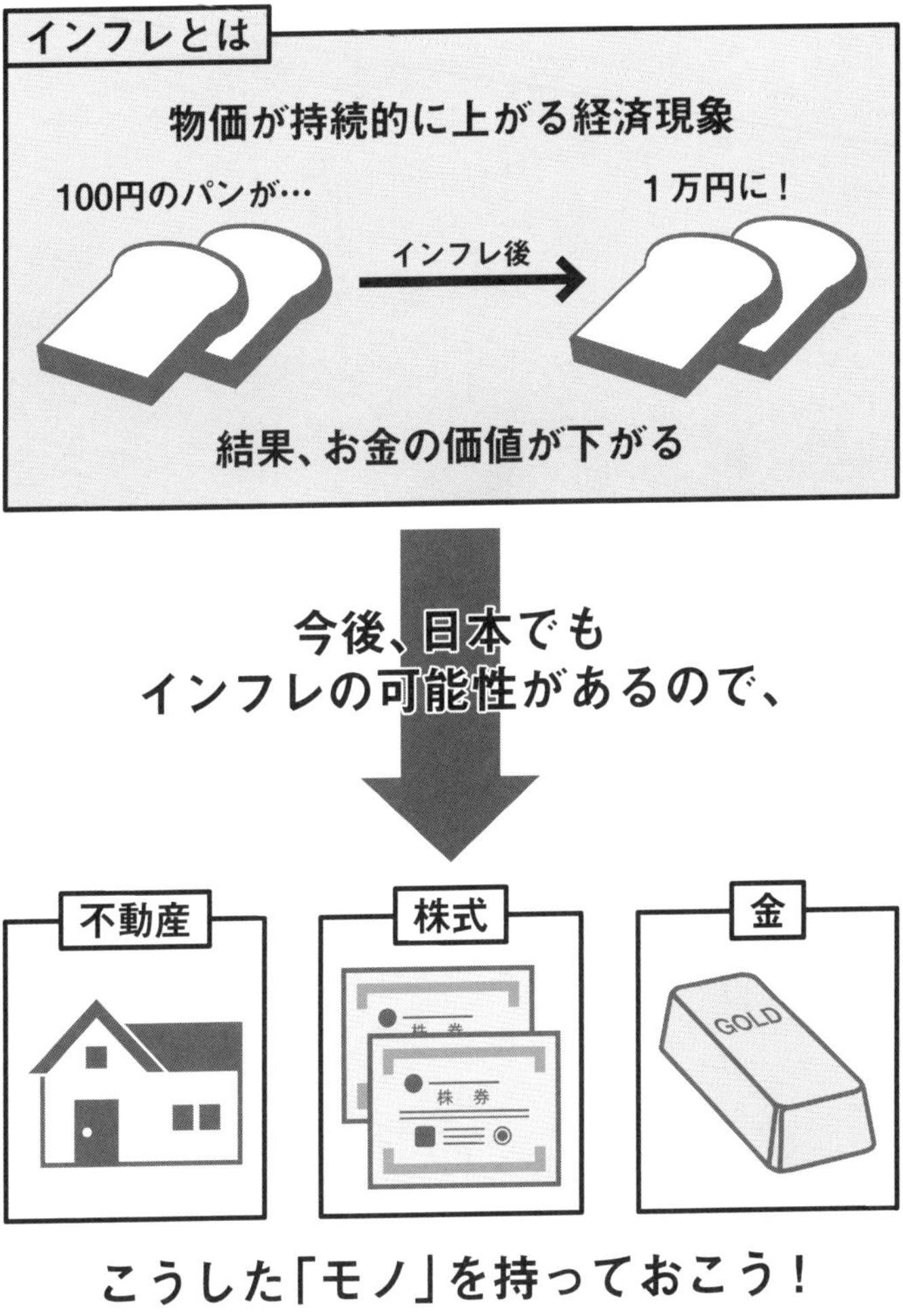
インフレとは
物価が持続的に上がる経済現象
100円のパンが…
インフレ後
1万円に！
結果、お金の価値が下がる
今後、日本でも
インフレの可能性があるので、
不動産
株式
株券
株券
金
GOLD
こうした「モノ」を持っておこう！

第6章

会社を「小さく」して、大きく儲ける！

36

まずは「仕事（商品）」を減らす

いきなり「人」を減らすのは難しい

ここから、会社のダウンサイジングのやり方をお話ししていきます。実際に私も、小さな規模ではありますが、従業員6名から1名にした経験がありますので、お役に立てる話ができるかと思います。

会社の規模を小さくするためには、従業員の数を少なくすることが、一番効果的で、手っとり早い方法です。ただ、**「人を減らす」というと、無理やり解雇するようなイメージもあり、なかなか難しいのが実情**です。「人」という問題について、実際に経営者としてできることとしては、以下の2つです。

①あくまでも急に人を辞めさせるのではなく、自然に減っていくのを待つ

②新たな採用はしない

とても時間がかかりますが、会社のダウンサイジングは焦らないことが重要です。社員に辞めることを強いてしまうと、会社(経営者)の評判も悪くなってしまいます。

さて、ダウンサイジング方法としては、ここからが本番です。

結論としては、**「仕事(商品)」を減らし、「お客さま」を絞っていくのがベスト**ではないかと思っています。

私が事務所を「小さく」したとき

実際、私の場合は、まず商品・サービスを見直しました。新しくやろうと思っていた仕事を少し進めていたのですが、それもやめました。並行して、あまり良くないお客さま(経理の状況がずさんとか、破産しそうな会社)との契約を見直し、相手との話をしたうえで契約を解除したりしました。

事務所内で仕事が減った結果、強制したわけでもなく、その年にまず社員が1人辞めてしまい、翌年に2名、3年目に2名という感じで辞めていきました。

「そうは言っても、仕事を減らしたら、売上も減って、お金がなくなる」と思われた方もいらっしゃるかと思いますが、以下の質問に答えてみて下さい。

「会社の仕事の中で、無駄な仕事は1つもないと言い切れるか」
「会社の商品・サービスは、すべて粗利を生んでいるのか」

いかがでしょうか。「社内で利益の出ない仕事」や「1時間でできる仕事を、1日かけてやっている社員」の姿が想像できた方もいらっしゃるのではないでしょうか。「無駄な仕事・儲からない商品」を減らし、「儲かる仕事（商品）」に注力しましょう。

また「これくらいの人数がいないと、仕事がまわらない」と思ってしまう場合がありますが、多くの場合それは幻想です。ある程度少ない人数でも仕事はまわりますので、仕事量が多いと感じて人を増やす、というときは細心の注意を払いましょう。

summary

「人」よりも「仕事（商品）」を減らせないか考える

まず減らすべきは「人」より「仕事」

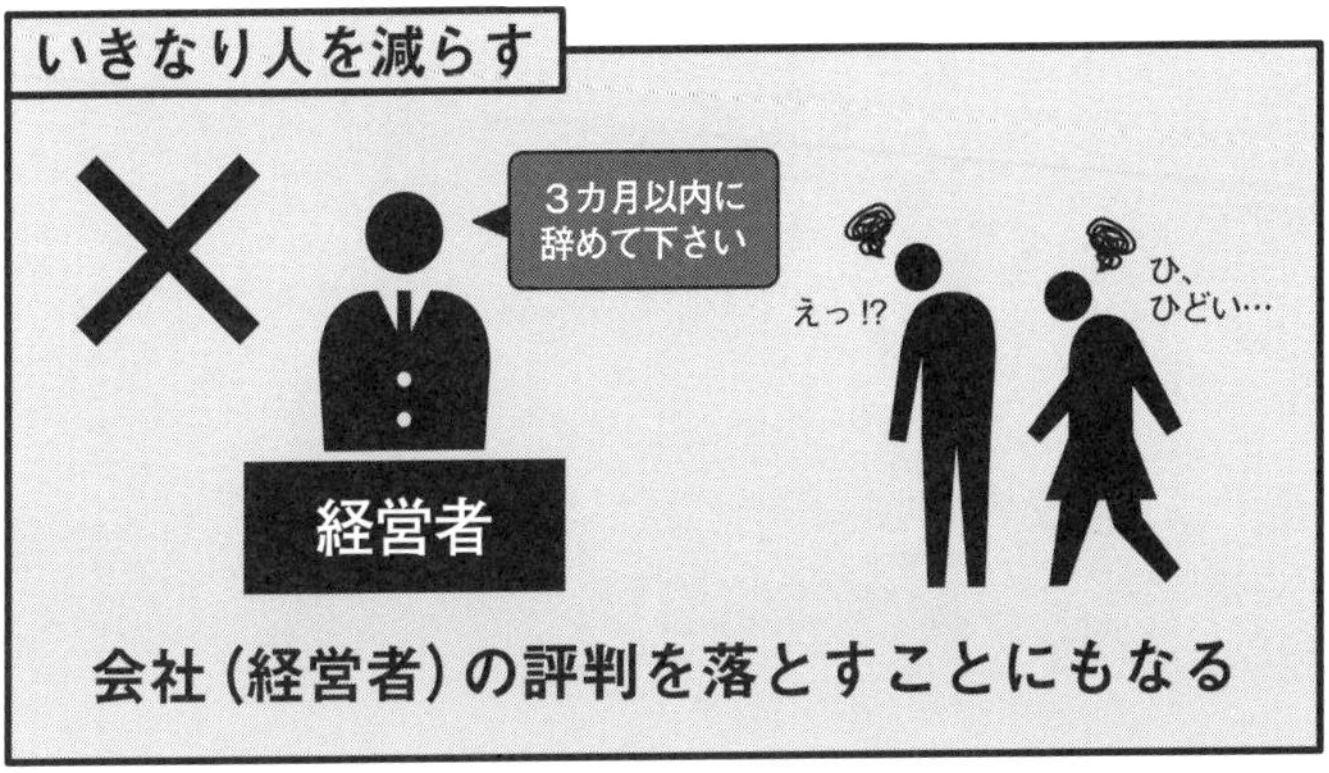
いきなり人を減らす
3カ月以内に
辞めて下さい
経営者
えっ!?
ひ、
ひどい…
会社（経営者）の評判を落とすことにもなる

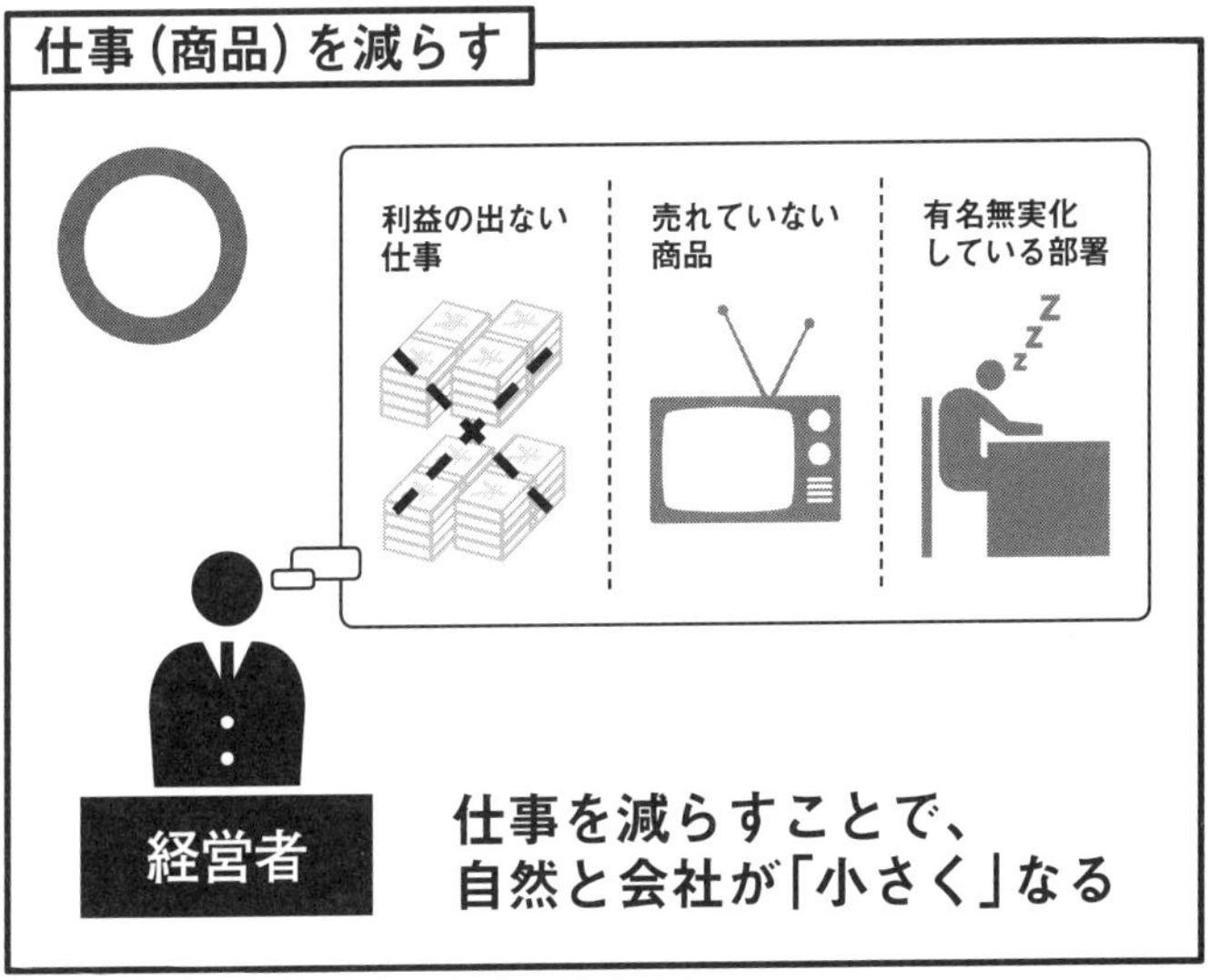
仕事（商品）を減らす
利益の出ない
仕事
売れていない
商品
有名無実化
している部署
Z
Z
Z
経営者
仕事を減らすことで、
自然と会社が「小さく」なる

事例
5

会社を小さくして、儲かった会社

某行政書士事務所

Before

- 5～6人の事務所
- 業務内容は、会社設立、相続、各種契約書etc

人をどんどん増やして、事務所の規模を大きくしたはいいものの、人件費が徐々に重荷に。売上を上げようにも、仕事もなかなか新規でとれない。やむなく、単価を下げて、量で勝負することになり、事務所内に疲弊した空気が流れる。

After

●２人の事務所
●業務内容は「家系図作成」のみ

事務所内の仕事を、数年かけて減らした結果、「自然と辞める社員」「独立する社員」が現れ、最終的には２人の事務所に。それに伴い、業務内容を「家系図作成」に特化し、ほかの行政書士事務所と差別化を図る。結果、規模は小さくなったものの、１人当たりの粗利は大幅にアップし、「儲かる会社」に変身した。

37

「小さくするシート」に必要事項を記入する

3年後、どんな会社にしたいですか？

「会社を小さくする」と決めたならば、その小さくする過程を計画し、実行していかなければなりません。

まずは「このようになりたい」という、理想の形を決めて下さい。

とにかく具体的に、**「何年後に、社員が何名になっていて、1人当たりの粗利はこれくらい」ということを決めます。**

そしてその数字から派生して、売上・粗利・役員給与・経費などの数字を決めましょう。

もちろん役員給与から税金・家計・将来のための投資にどれくらいずつまわすか、という数字も決めます。

さらに、その決めた計画に到達するには、いつまでに何をしなければいけないか、ということを考えて、そのやるべきことを年ごとに計画していきます。計画が具体的であればあるほど、確実に効果も出てきます。

1人当たりの粗利は下げないように！

ただ、注意点が1点あります。

ここでも軸になるのは、1人当たりの粗利です。

「会社を小さくする」、ということは、当然売上が下がり、粗利も下がります。ゆえに、無計画的に会社を小さくすると、倒産の危機にも見舞われます。会社にどれくらいの現金が残っていて、経営的に余裕があるかによって変わってきますが、計画を立てる際には、1人当たりの粗利を重要視して下さい。

たとえ人が減って、会社全体の粗利が減っても、1人当たりの粗利さえ下がっていなければ、会社の稼ぐ力は変わらず、存続できるからです。

会社を小さくするのは、簡単にできることではなく、数年かかります。会社のもともとの規模・業種にもよりますが、5~10年くらいは覚悟しましょう。焦らずに、ゆっくり小さくしていって下さい。

自分に合った計画表を作ろう

計画表には、先ほどの項で出てきた、**「人」「仕事」「商品」「お客さま」を毎年どれくらいに減らしていくかということを決め、記入します。**

例えば、飲食業などであれば、立地・設備なども重要になってきますので、自分の業種・業態に合った計画表を作って下さい。

「人」については、相手がいることですので、すぐに思い通りにいかなくても焦ることなく、計画を進めていって下さい。

summary

具体的な計画を立て、実行しよう

年単位でしっかり目標を立てる

「会社を小さくするシート」の例

（項目）／（年）	人	仕事	商品	お客さま
1年目				
2年目				
3年目				

Point

- 1人当たりの粗利は下げないようにする
- 自分の会社に合わせて、項目は変える

38

「汚い決算書」が命とりになる！

会社のことをしっかり把握しておく

会社を小さくするという計画を立てつつ、同時並行的に、「決算書の改革」にもとり組みましょう。

決算書とは、会社を写す鏡のようなものです。会社を小さくするには、まず、会社のことを正確に知らなければなりません。

第3章でもお話ししましたが、決算のときに、無理に節税をしたり、実質的に赤字なのに無理やり利益を出そうとして、粉飾決算を続けていたりすると、必ず決算書に「ヘンな資産」がたまってきます。この「ヘンな資産」は、前払費用とか仮払金とか、もっともらしい名前を身にまとい、決算書の貸借対照表に鎮座しています。

しかし、これらの資産は、ほとんど価値がないものが多く、「スッキリした決算書」を作るにあたって邪魔になるものです。

「資産」と呼べるのは、本来の意味でいうと、あくまでも「あとで、会社の価値を上げたり、現金をもたらしてくれたりする」ものを差します。

会社の実態が不明確だと、計画も立てられない

繰り返しますが、先ほど述べたような「ヘンな資産」は、本来の資産ではありません。すでに会社にそのような資産がたくさんある場合は、少しでも減らして下さい。こうした**「ヘンな資産」があればあるほど、会社の実態が不明確になり、会社を小さくする計画を立てるときの邪魔**になります。

もし、まだそのような資産がない場合は、これから「無理な節税」や「実際には利益が出ていないのに、強引に利益を出す」などということをしないように心がけて下さい。

シンプルに経営をしていれば、決算書もスッキリしてきます。私が考える貸借対照表の理想の形は、左側（借方）に現金・預金だけがあり、右側（貸方）は純資産（資本金と、

これまでの利益の蓄積された金額）だけがあるという貸借対照表です。

貸借対照表に、「あってもいい」もの

ただ、現金・預金のうち、運転資金として必要のない金額は、しかるべきところに投資されていてもかまいません。また、**どうしても設備（固定資産）を使わなければ事業が成り立たない会社については、固定資産があるのはもちろん仕方がありません。**

とにかく、貸借対照表をいつも見て、スッキリさせるにはどうすればいいか、ということを考えて下さい。私も自分の会社の経営を考えるときは、貸借対照表ばかり見て、どうすればこの貸借対照表がすっきりするか、ということをよく考えています。

スッキリした決算書が作れれば、小さな会社でも、より効率よく運営していくことができるでしょう。

summary

貸借対照表を、きれいに、わかりやすくしよう

決算書が「汚い」と、計画は立てられない

決算書が「汚い」とき
あれ？
どれくらい現金が
あるんだっけ？
決算書
どんより…
そもそも、会社のことが何もわからない

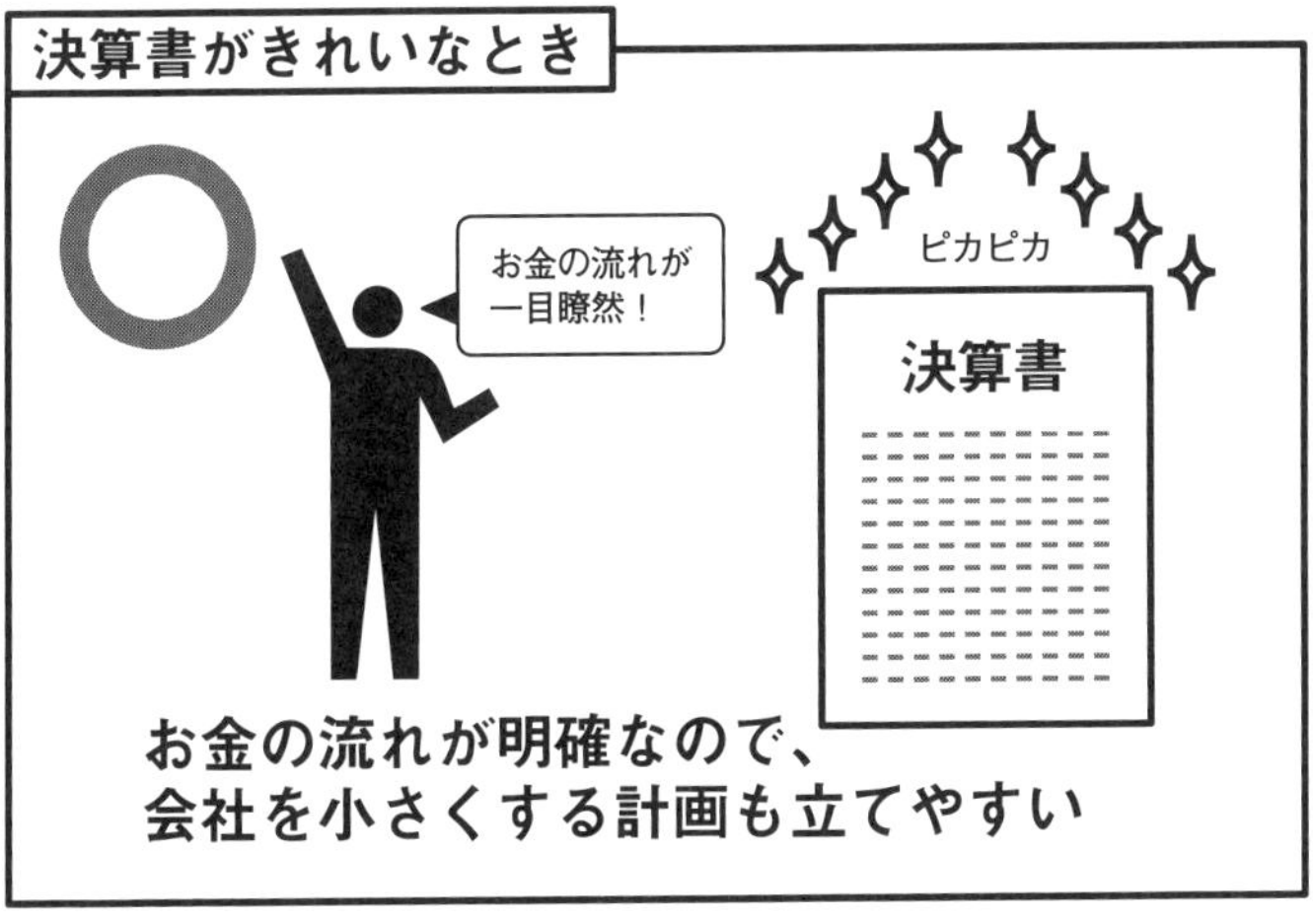
決算書がきれいなとき
お金の流れが
一目瞭然！
ピカピカ
決算書
お金の流れが明確なので、
会社を小さくする計画も立てやすい

39

あなたのオフィス、これで小さくできます

「モノを減らす→引っ越し」のサイクル

第1章にも書きましたが、人を増やすと事務所がすぐ狭くなるため、事務所を移転・拡張しなければなりません。事務所を移転したり大きくしたりすると、家賃が高くなるだけでなく、その高くなった家賃の数カ月分の敷金・保証金などが必要になります。この敷金・保証金（前払いで1カ月＋α分の家賃も）は、分割払いにしたり、支払いを待ってもらったりするのが難しいため、一時的に多額の資金が必要となります。

人を増やさないことを決めたら、モノをどんどん捨てていきましょう。そして、オフィスにモノがなくなってすっきりするようになったら、小さいオフィスに移転してしまいましょう。**同じ場所にいると、いったんモノを減らしても、自然と増えていく**からです。

モノを捨てるために、引っ越しを行う

オフィスを移転して無理やり狭くすれば、その引っ越しのときにモノをたくさん捨てざるを得ません。そのようにしてモノを減らしていき、広いオフィスでなくても大丈夫なようにしていくのです。

私は、税理士事務所開業当初は自宅の1部屋で開業しました。その半年後に1Kの部屋に引っ越し、その1年後には20坪のオフィス（マンションの1室ではなく、オフィス用の物件）に移動しました。そこで最大7名の人が働いていました。

事務所を小さくすると決めてから、人数が自然に減っていき、私と従業員2名のときに2Kのマンションに移転をしました。このマンションが狭すぎて、閉じ込められるような感覚があったので、もう少し広くて、駅から遠いアパートに引っ越しました。

20坪のオフィスにいたとき、人も多かったためモノがとんでもなく増えてしまい、引っ越しの際に相当捨てましたが、2Kのマンションにもモノがあふれかえりました。紆余曲折を経て、今やっと、ゆったりと仕事ができています。

最後の引っ越しは、モノを減らすために行ったという一面もあります。どうしても、同じ場所にいるとモノを捨てるのが本当に難しい。そのため、**無理やり引っ越しというイベントを活用して、モノをたくさん捨てたのです。**

そもそも、「オフィス」はいらない？

近ごろのように、ネット環境がものすごくよくなってきた時代においては、もうオフィスがいらないという考え方もできるでしょう。私の友人の税理士でも、オフィスから自宅に戻ってしまった人がいます。広くてきれいなオフィスを自慢したり、社員の数を争ったりする時代はもう終わっていると思います。

小さな会社のオフィスは、小さくてもいいのです。自分と、少ない社員が快適に仕事をできればいいだけのことです。なるべく小さくシンプルを心がけていきましょう。

summary

引っ越しを活用して、モノを減らそう

オフィスを小さくする方法

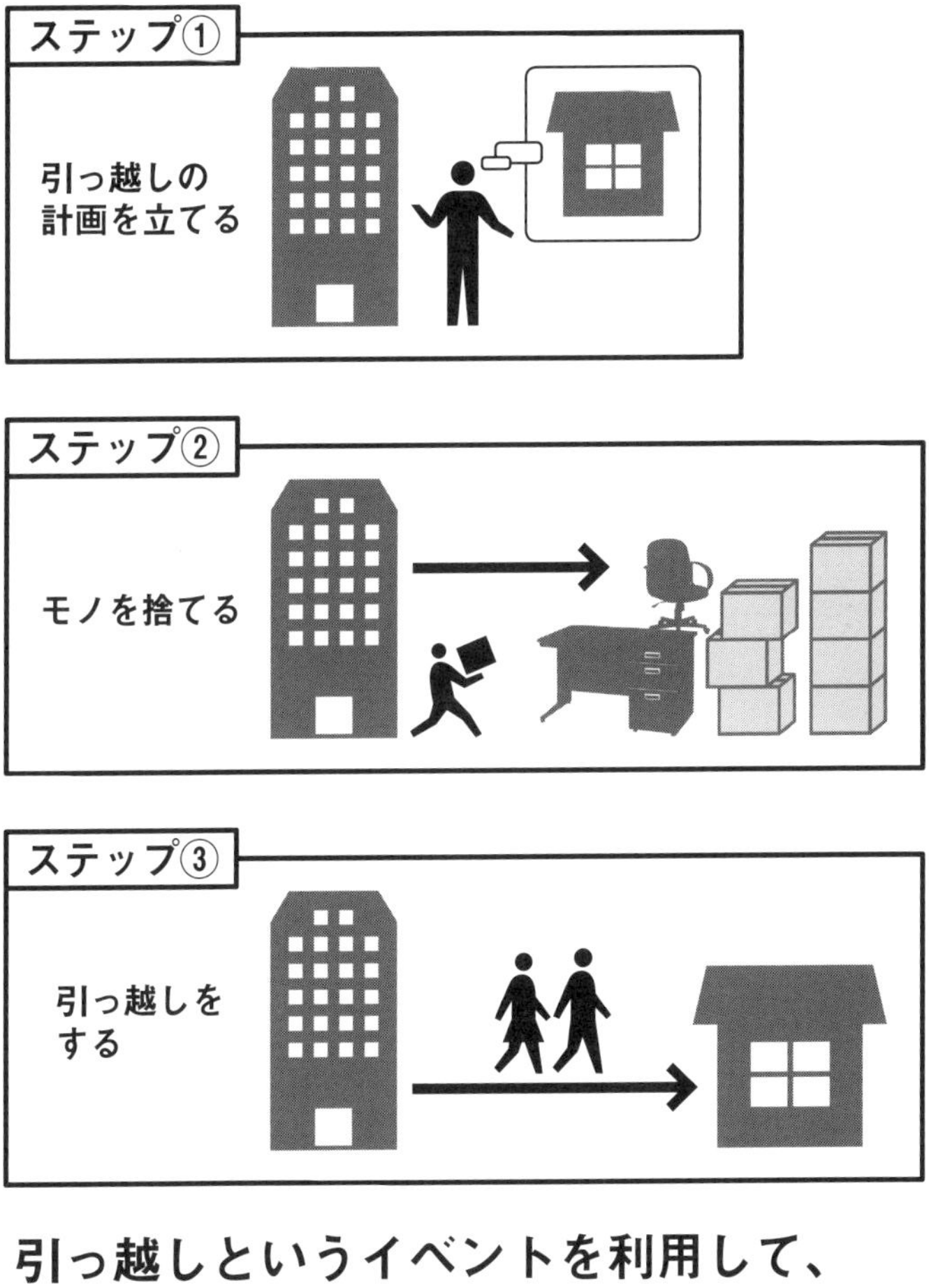

**引っ越しというイベントを利用して、
モノを減らし、オフィスを小さくしよう！**

40

「仕事をしたつもり病」を排除する

経営者の本当の仕事を考える

人の数を少なくしたり、オフィスを小さくしたり、さらには決算書をスッキリするということは、「目に見えるもの」として、ダウンサイジングしやすいものです。ただ、それ以外にも、「自分の心の中」や「考え方」を変えていかなければ、会社を小さくしていくのは難しいものです。ここでは、会社を小さくしていくときの考え方についてお話ししていきます。

小さな会社での経営者（兼投資家）の仕事は、「会社の方針を考えることと、その方針を実行に移す段取りを組むこと」だと思っています。

具体的には、「今後、会社をどのようにしていくか」「売上をどうやって上げて、経費をどれくらい使い、利益をどう出すか」「社員に何をやってもらい、自分は何をするか」などということです。もちろん、考えるだけではなく、考えて決めたことを実行に移すことも重要です。

会社に自分1人しかいないときは、自分が動かなければなりませんが、自分が動くにしても、上記のように考える時間を必ず持たなければなりません。

「仕事をした！」という充実感に惑わされない

忙しく自分で動いていると、「仕事をした！」という充実感に包まれます。それを続けていくと、それで満足してしまうことが多いのではないでしょうか。しかし、**経営者の仕事は、自分が体を動かすことだけではありません。時代の変化に合わせて、会社の方針を考えることのほうが重要**だと思います。

また、この本で何度も「経営者（兼投資家）」と書いているように、会社に投資をしているのであれば、投資家としての目も持たなければなりません。

投資家としては、会社が利益を出し、そのリターンを受けとることが重要です。そのためにも、「経営者である自分」が会社の利益をどう出していくか、ということを客観的な目で見ていかなければなりません。

会社組織にもこんな症状が！

今までの話は、経営者にとっての「仕事をしたつもり病」ですが、会社組織にもまん延しがちな病気だと思います。

代表的なものとしては「会議」と「資料」です。

あなたの会社では、「資料を読むだけの会議」や「意味もなく全社員が出席している会議」などが行われていないでしょうか。あるいは、「ルールや体裁がやたらと定められている資料」などはないでしょうか。

こうした会社の利益に直結しないシステムはどんどん変えていきましょう。

summary

「仕事をしたつもり病」は、経営者と会社にうつる

「仕事をしたつもり病」を排除する

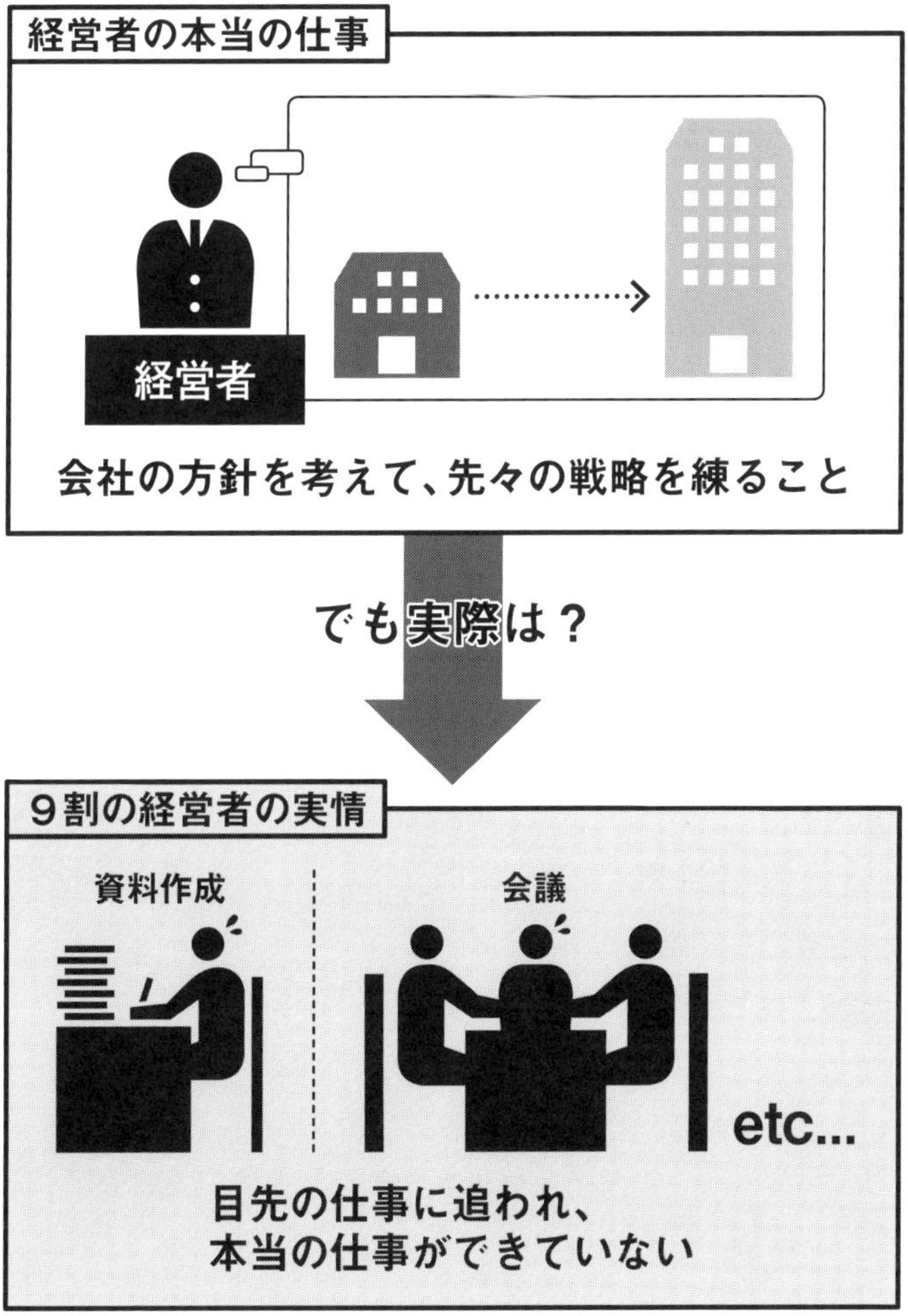
経営者の本当の仕事
経営者
会社の方針を考えて、先々の戦略を練ること
でも実際は？
9割の経営者の実情
資料作成
会議
etc...
目先の仕事に追われ、
本当の仕事ができていない

41

会社が超効率化する5つのツール

小さな会社には欠かせない便利ツール

小さな会社は、その名の通り小さいので、社員にたくさん働いてもらい、多くの仕事をこなしてもらうということができません。その代わり、いろいろなツールを有効活用して、仕事を進めていく必要があります。

私が有効に使わせてもらっているツールは次の5つです。

①Gmail
②Google カレンダー
③Facebook、USTREAM などのソーシャルメディア

④ iPhone
⑤ スキャナーと、Docuworksなどのソフト

まず①のGmailですが、これはグーグル社が提供しているメールソフトのことです。ウェブ上で動くメールツールで、**容量が相当たくさんあり、メールを削除する必要がありません。**また、削除する代わりに「アーカイブ」という機能で保存することができ、必要なときにはメールの本文に使われている言葉や件名、送信者などで検索することができますので、すぐに見つけ出せます。

次に②のGoogleカレンダーですが、これもグーグル社が提供しているソフトで、**スケジュール表とTODOリスト**として使っています。入力が非常に簡単で、あとで出てくるiPhoneとも完全に連動していて、とても便利です。私は紙の手帳を使わなくなってしまいました。

③のソーシャルメディアは、**Facebookが代表的**ですが、たくさんの知人と交流をしたり、イベントをFacebook上で紹介したりして、仕事にも使えます。詳しくは、ぜひ登録をしてやってみてもらいたいと思います。

④のiPhoneは、iPadとも合わせて、最近はものすごく普及しているものです。前述の**GmailやGoogleカレンダーと完全に連動**しているので、パソコンがなくても大丈夫です。iPhoneやiPad自体がパソコンのようなものなので、最近はノートパソコンを持たず、iPhoneだけで過ごす人も増えてきているようです。

ただ1つお伝えしたいのは、今ご紹介したFacebookやiPhoneなどは、触ろうと思えばずっと触っていられそうなくらい魅力的なツールです。「中毒」になる人も多いので、気をつけて下さい。

最後の⑤ですが、「オフィスに紙がものすごくたまってしまい、狭くなって仕事の能率も悪くなる」ということを解消してくれます。私も、ほとんどの**書類をスキャナーにかけて電子データで保存**し、紙自体は捨ててしまうことが多くなりました。捨てるときは、シュレッダーにかけるのではなく、ヤマト運輸の「機密文書リサイクルサービス」というサービスを使い、紙を溶かしてもらうようにしています。

summary

5つのツールを有効活用しよう!

会社が効率化する５つのツール

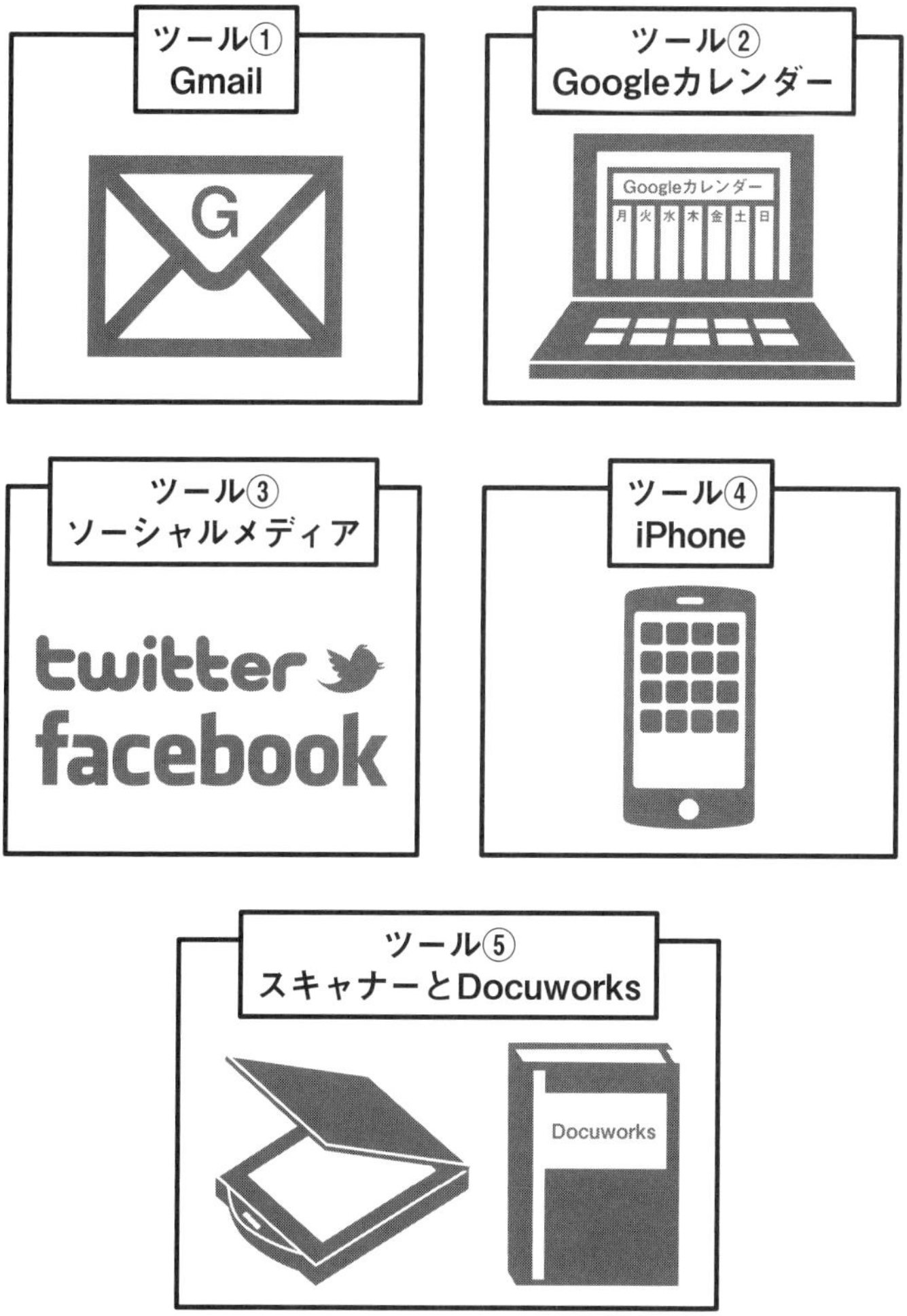

42

本当に大切な「お客さま」の見つけ方

どんな人と仕事をしたいですか？

大きくなってしまった会社を小さくするには、「人」「仕事」「商品」「お客さま」を減らせないかどうかを考えてほしい、と書きました。ここでは、その中の「お客さま」について考えてみたいと思います。

「お客さま」を絞ったほうがいい理由

売上を多くしようと思って、むやみやたらに「お客さまの数」を増やそうとする人がいますが、それはある意味正解の場合もあれば、正しくない場合もあります。

私は、「お客さまの数」は、無理に増やすのではなく、なるべく少なくしたほうがよい、というふうに考えています。

理由はいろいろとありますが、やはりお客さまの数が多くなると、その分お客さまの考え方やとらえ方も多様化しますので、それに対応するのが大変になること、またお客さまが増えれば増えるほど、事業上のリスクも増大するからです。

業種にもよると思いますが、こうした理由から、なるべくお客さまは選んだほうがよいのではないかと思います。

「イヤなお客さま」とは、うまくいかない

「イヤなお客さまとつき合ってナンボ」などという人もいますが、やはりイヤなお客さまとおつき合いするとトラブルも起こりやすくなります。そして、**こちらもいい感情を持たないでおつき合いをするため、うまくいかないことが多い**のです。

お客さまをやたらと多くするのではなく、こちらのことをよく理解してくれている、少数の「いいお客さま」を選び、そのお客さまに最大の貢献をすることで、そこから見返り

としての利益をいただく、という考え方でやっていくのがいいのではないかと考えます。

仕事も時間も限られている。だからこそ！

大きな会社では、とにかく事業を拡大しなければいけませんので、お客さまを選ぶどころか、頭を下げてでも増やしていかなければなりません。

逆に小さな会社では、お客さまを選んでいいという特権があります。その特権を生かして、**いいお客さまとつき合い、公私ともに充実していくようにすればいい**のではないでしょうか。

どれほど能力があっても、できる仕事の量は限られています。だからこそ、お客さまをしっかり選んで下さい。

summary

「お客さま」を無理に増やさない

小さな会社は「お客さま」を絞ろう！

Point

小さな会社は仕事も時間も限られている

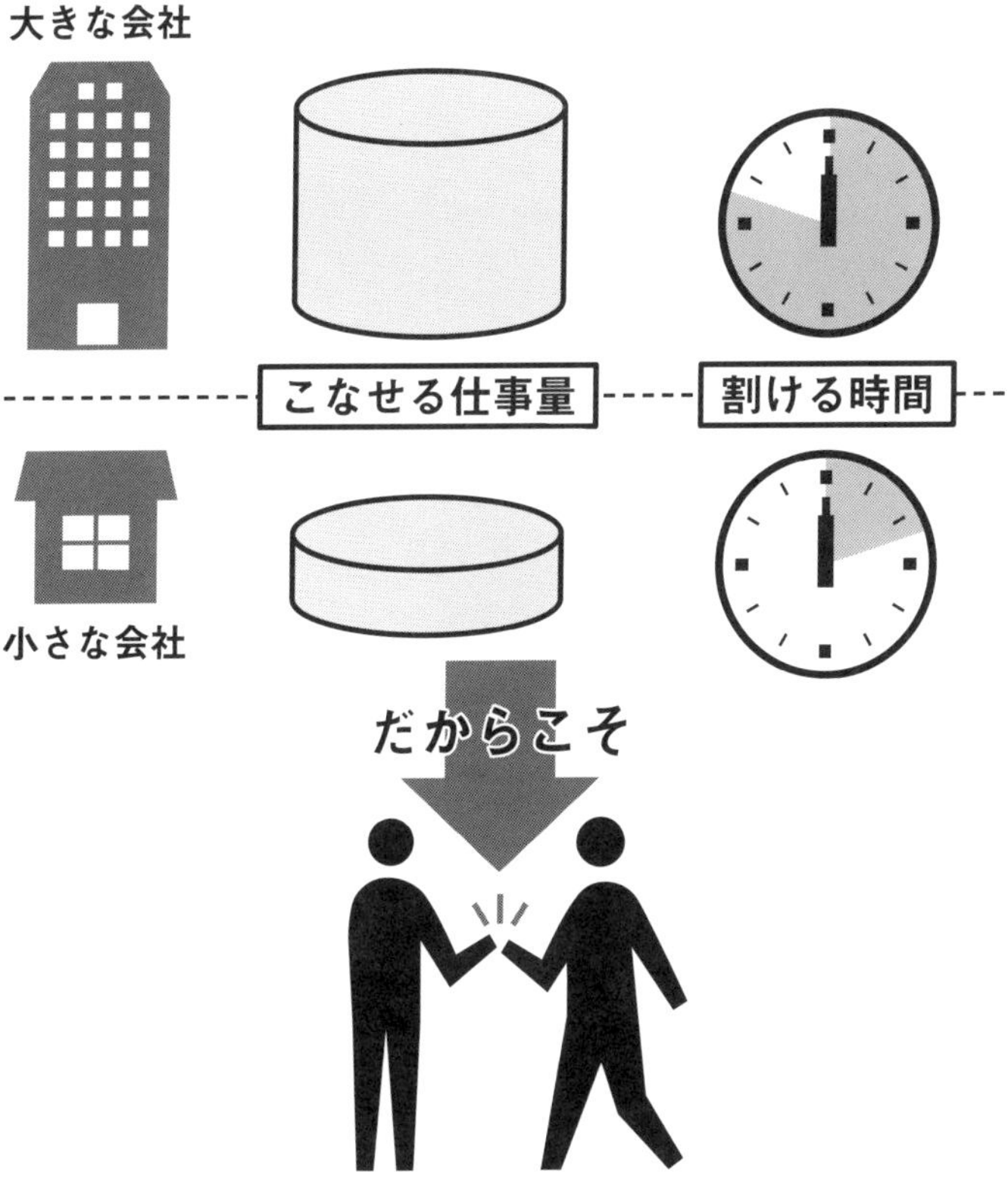

少数の「いいお客さま」を選び、公私を充実させよう！

第7章

起業・新規事業を成功させる5つのコツ

43

小さく始めて、しっかり儲ける

起業を考えたら、まずはここから！

ここからは、現在お勤めされていて「起業したい！」と考えている方や、学生の方、もしくは社内で新規事業の立ち上げを考えている方へお伝えしていきたいと思います。

これらの方々は、すでに会社を作って経営をしている方よりも断然有利な立場にいます。これから自分で、自分だけの会社を、自分らしく作っていくことができるからです。

大原則は、「小さく始めて、少しずつ大きく育てていく」ことです。まずは1人でできることをコツコツとやっていきましょう。焦ってすぐに人を雇ったり、立派なオフィスを借りたり、大きな仕入れをしたり、広告をドーンと出したりするのは、綿密で完璧な計画が立っているとき以外は、やってはいけません。仮に、完璧な計画ができたとしても、それが本当にそうなるかということは誰にもわからないので、注意して下さい。

次に考えてほしいのは、**できるだけ初期投資を抑える**ことです。電話、オフィス、設備にお金をかけない方法を考えていきましょう。

オフィス、通信設備はこうして節約！

まずオフィスについては、店舗などが必要な会社を除き、自宅で十分です。打ち合わせが必要な場合は自分から出向きましょう。ただ、「事務所がしっかりしていること」がブランドになったりするような業種である場合は別です。

現在、都内中心ではありますが、「コワーキングスペース」と呼ばれる、ネット環境を整備した共同オフィスも急増していますので、そちらも参考にして下さい。

次に、通信設備等についてですが、「スカイプ」などの無料通信を活用しましょう。「スカイプ」とは、スカイプネームと呼ばれるアカウントを取得すれば、アカウント間で無料の通話が可能になるインターネットの電話ツールです。テレビ電話のような形での会話もできるため、遠方の取引先がいる場合は重宝します。

唯一、お金をかけたほうがいいもの

ここまで、「できるだけお金をかけないように」とお伝えしてきましたが、例外的に、最初からお金をかけてほしいものがあります。それは会社の資本金です。

今は資本金が0円でも会社は作れるので、とても小さな資本金（1円とか）で会社を設立してしまう人がいます。しかし結局、その後に自分で会社にお金を入れなければならず、それは会社から見たら借入金になります。これは公私混同の原因になります。

「資本金500万円を設立時に入れて、その金額でやっていく。もし500万円がなくなったらアウト。そこで会社をたたむ。追加資金は入れない」という考え方で臨みましょう。厳しいかもしれませんが、お金がなくなったからといって借りてきたり、自分の資金を出していったりするようでは、なかなか会社がうまくいきません。

summary

極力、初期投資は抑える

小さな会社は、「小さく」始めよう

やってはいけないこと
立派なオフィスを構える
設備にお金をかける
初期投資を抑える
自宅をオフィスにする
ネット上のサービスをフル活用する
INTERNET

44

儲かったときに気をつけたい5つのこと

お金があるときほど、慎重に！

会社を小さく始めて、順調に売上が上がり、軌道に乗ってきたとしても、すぐに事務所を大きくしたり、人をたくさん雇ったり、固定費をたくさんかけたりするようなことはやめておきましょう。

例えば**社員10名から30名ほどを雇っている会社は、順調なうちはとても儲かるのですが、ちょっと経営環境が悪くなると、いきなり苦しくなります。**経営者自身が悪いのなら、自己責任なのでまだいいのですが、社会情勢や経済環境の変化、相手先の状況によって大きく変わってしまい、とたんに苦しくなってしまう会社も多いのです。そうした会社を私もたくさん見てきました。

だから、ちょっと売上が上がって軌道に乗ってきたからといって、すぐに事務所を拡張したり、人を増やしたりすることは避けて下さい。「小規模で経営する」と決めたのであれば、とにかく大きくしないことが重要です。

ついやってしまいがちな5つの散財

今までと重複する内容もありますが、「軌道に乗ったときこそ気をつけたいこと」としては、以下の5つがあります。

①人を増やす（通年採用などをする）
②借金して、事業拡大を目指す
③一等地などにオフィスを引っ越しする
④リースなどでオフィスの設備投資をする
⑤大々的な広告宣伝をする

どんな経営者の方でも、事業が軌道に乗り、現金をたくさん持つと、こうしたことを考えられます。①②③については、何度も本書で説明してきたので省略しますが、④⑤については少し補足します。

④については、プリンター、コピー機などのＯＡ機器が挙げられます。「会社としての見栄えを良くしたい」という理由が多いのですが、紙を多く使う業種ならともかく、意外と使わないものです。**今やオフィスサプライサービスやコピーサービスなどがたくさんあります**ので、無駄なコストはかけないようにしましょう。そして意外と侮れないのが、毎月固定費としてかかってくるリース代。「本当にこれが必要？」という自問自答を何回も行って下さい。

⑤については、**大企業が巨額の費用をかけてやるならともかく、中小企業ではそこまでの効果が得られない**と思っています。広告を出さなければ売上が上がらないという側面はありますが、やるなら、計画をしっかりと立ててなるべく少額から始めて下さい。

summary

儲かったときこそ、財布のひもは締める

会社が儲けても、すぐやってはいけないこと

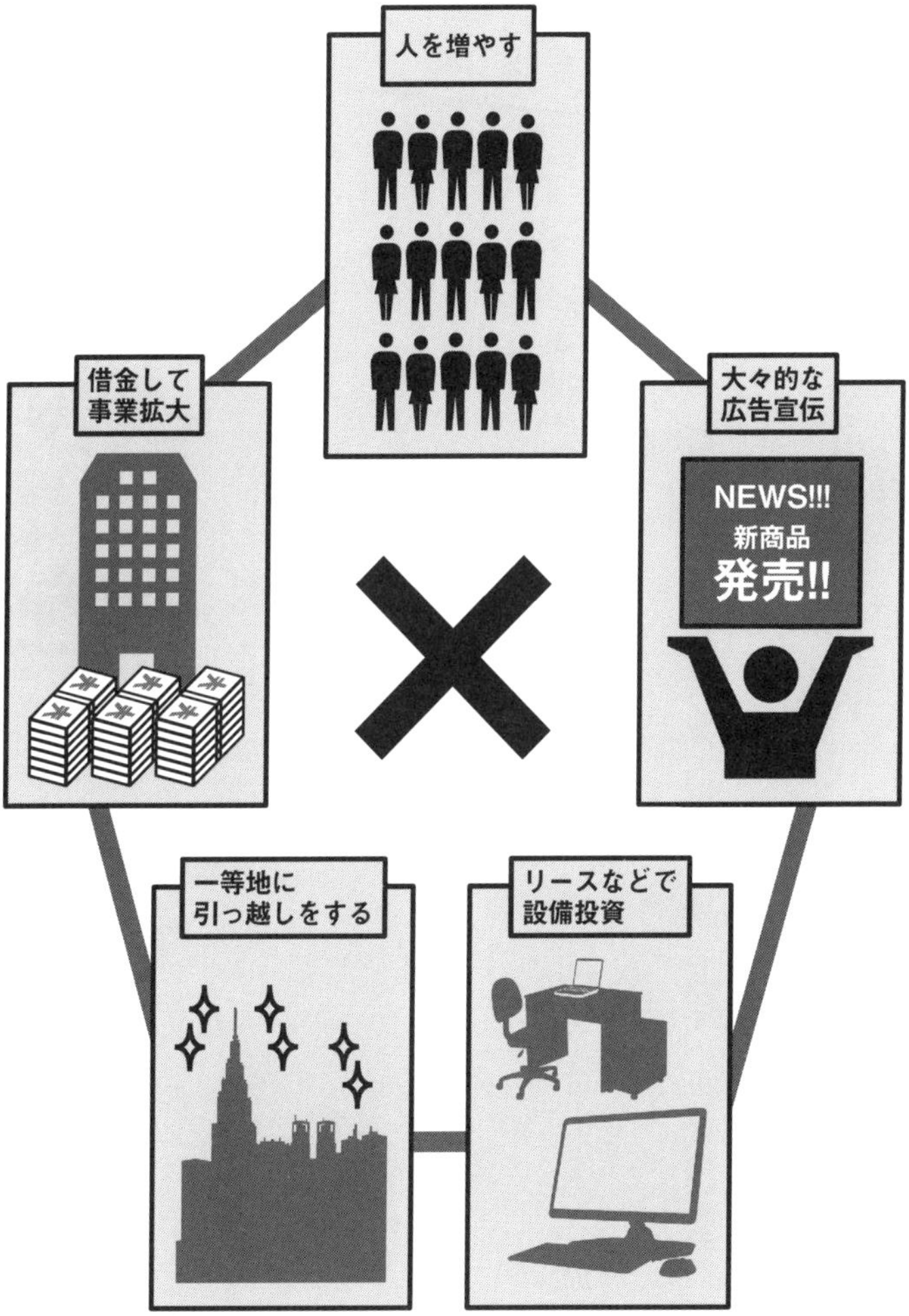

45

「人」への投資を甘く見ない

広く浅くではなく、狭く深く投資しよう

第3章でも説明しましたが、小さな会社の経営では、残った利益を、会社を大きくするための再投資に使うのではなく、将来への投資にまわすようにして下さい。

「大きな会社を作る」と決めた経営者は、社員を雇ったり、設備を買ったりして、「今の空間の広がり」に広く浅く投資することになります。

反対に、**「小さな会社にする」と決めた経営者（兼投資家）は、「将来の時間の広がり」に狭く深く投資をする**ことになります。

第5章では株式投資について触れましたが、「将来の時間の広がり」への投資について、別のアプローチから見ていきましょう。

そのアプローチとは、**「人」への投資**です。人へ投資することで、将来の時間を、より豊かなものにできます。起業したてであれば、なおさらオススメします。

「利回り」という視点で考える

ここで視点を「利回り」ということに絞って考えてみて下さい。例えば銀行預金であれば、金利は、0・02％ほど。株式投資でも5％ぐらいでしょうか。

ところがこれが人になると、**0％になる可能性も否定できませんが、100％を超えることだってあり得ます。**具体的には、「これから伸びていく人」や「業界の有名人」などに貸しを作る、ということです。もちろんこれは、「金銭的なものを渡せ」ということではありません。「人を紹介してあげる」「困っていたら助けてあげる」といったことで、貸しを作りましょう。すぐにリターンが返ってくるわけではありませんが、こうしたことを続ければ、いつか必ずプラスになります。

今何歳であろうと、これからの人生は、何事も長期的にとらえるほうがよいと思います。私は現在42歳で、人生の折り返し地点を過ぎたと考えられるかもしれませんが、全然そんなことは思っていません。だから、一生できるようなことを今やっていますし、これからもやっていこうと思っています。

何事も焦らず、じっくり時間をかける

ここで再度確認しておきたいのですが、これを読んで、これから小さな会社を作り、経営していこうとしているあなたは、中途半端に普通と同じことをやってはいけません。小さな会社の経営は、それなりのやり方がありますので、それを守っていけば必ずうまくいくようになります。

「すぐに成功したい」「とにかく今、幸せでありたい」と思ってしまうのは自然なことかもしれません。しかしここは1つ、**時間の流れが、将来に渡って細長く伸びているようなイメージを持ち、長期的な考えで生きていく**ことをオススメします。

summary

株式だけでなく、「人」への投資も忘れない

「人」への投資も忘れない

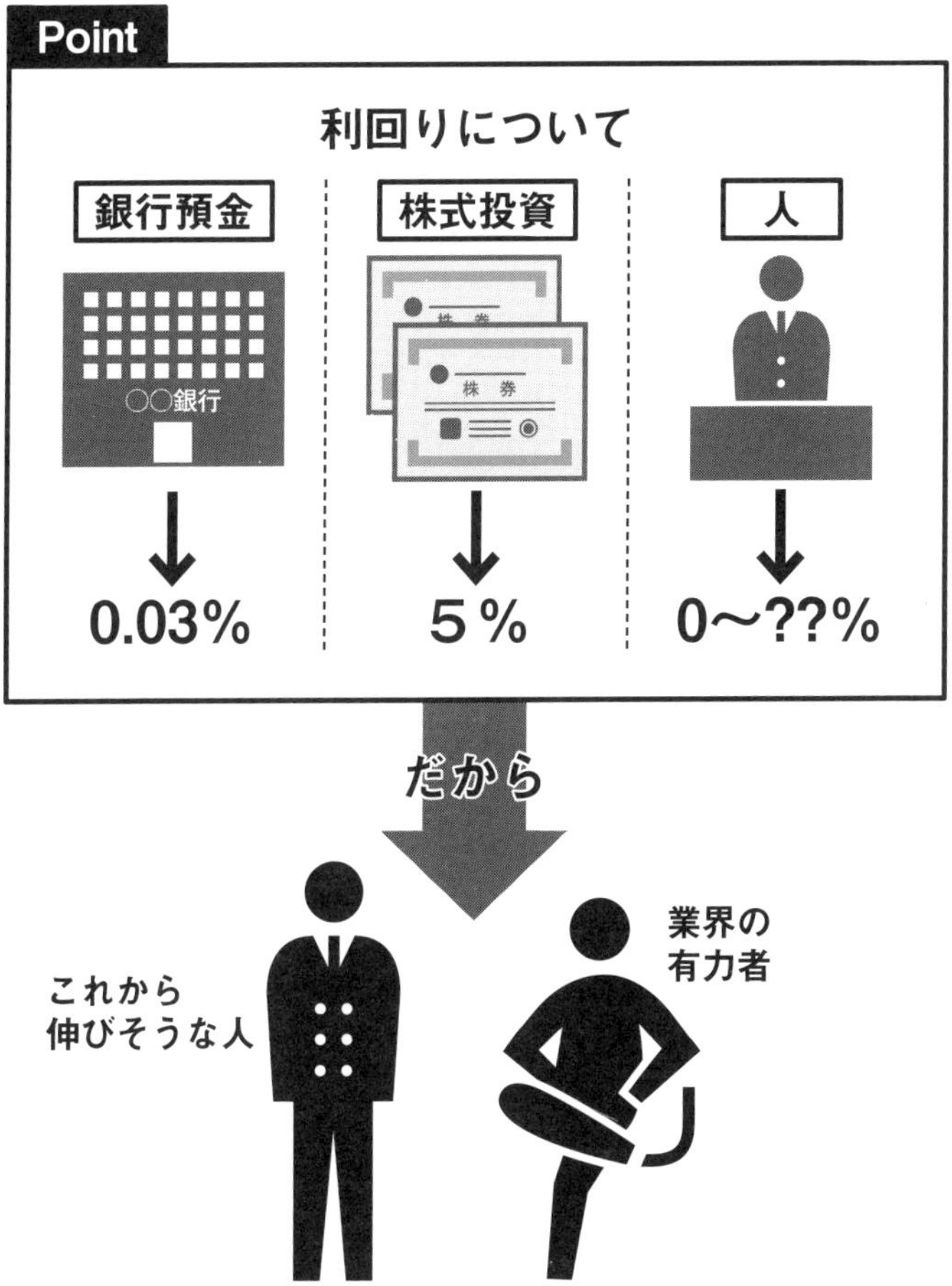

こうした「人」への投資も忘れない！

46

新規事業を成功させる実践テクニック

「本業」をうまく活用しよう

起業して会社を立ち上げ、十分な粗利を稼ぐことができ、最終的な利益も確保できたら、毎年それを継続していく必要があります。

そして、毎年十分な利益を確保できるようになったら、それを維持するとともに、新しい事業に挑戦していってもいいかもしれません。

第2章でも書きましたが、「会社は1つだけ」という概念にとらわれることなく、**会社を複数作ってもいいですし、あるいは複数作るのではなく、同じ会社の中で複数の事業をまわしていっても問題ありません。**

大きな会社では、複数の事業を展開し、それぞれの事業を大きくしていくということが行われます。

一方小さな会社では、1つの事業がうまくまわっていけば、それを無理に大きくすることなく、継続して利益を出していきながら、新しい事業を作っていくというやり方がいいのではないかと思います。

新しい事業は、核となる事業（もともと行っている事業）に付随するものや、核となる事業の周辺に位置するものがやりやすいと思います。

例えば、経営コンサルティング業であれば、経営に関する教材を販売するなどのことが考えられます。メインの事業に近い事業を1つずつ増やしていくことで、メインの事業も新しく始める事業も共通点を生かすことができるというメリットがあります。

ここでも1人当たりの粗利が大事

ただ、ここでも気をつけてほしいのは、「安易に人を増やさないこと」と「1人当たりの粗利を確保する」です。事業の芽を育て、本格的にやっていくのであれば、儲かるかどうか、ということをしっかりチェックして下さい。

メイン事業とかけ離れた突飛な事業を行う場合もありますが、あまりオススメはしません。せっかく育てたメイン事業を活用しないのは、やはりもったいないです。できれば、「メインの事業と関係することで何かできないか」ということをよく考え、そこから新しい事業を探っていって下さい。

無理にやる必要はまったくない!

ただ、焦る必要はまったくありません。「1つの事業がうまくまわれば、1つの事業を増やす。新しい事業がまたうまくまわれば、さらに新しい事業を始める」という形で、1つ1つやっていきましょう。

とにかく、経営しているのは大企業ではなく小さな会社ですので、焦って手を広げることはやめておきましょう。

summary

余裕があるうちから、芽を仕込んでおく

新しい事業の芽を育てておく

Point

- たとえやるにしても、安易に人を雇わない
- 1人当たりの粗利をチェック

47 やりたいこと「だけ」をやろう

せっかく独立したんだから！

今はサラリーマンの方でも、起業をしたら「一国一城の主」です。自由度は相当に増しますが、自分ですべてをコントロールしなければならないため、サボろうと思えばいくらでもサボれますし、やろうと思えばいくらでも仕事をすることができます。

しかし、せっかく事業を興すのであれば、「やらなければならないこと」ではなく、「やりたいこと」をどんどんやっていきましょう。

サラリーマンを辞め、独立するということは、自分の人生に、常に主導権を持つ立場になるということなのです。だからこそ、理想をいえば、「やりたいことだけをやって生活する」のを目指しましょう。

サラリーマン時代の感覚は捨てる

私もサラリーマンからいきなり独立をしたわけですが、はじめの数年間は、サラリーマン時代と同じように「やらなければならないこと」がたくさんあり、それを1つ1つこなしていけばいいと考えていました。実際にそのように仕事を行っていたのですが、ある日、自分が縛られていることに気づきました。

結局、サラリーマン時代と同じような感覚で仕事を進め、同じようにストレスを感じていたのです。

それに気づいてからは、なるべく好きなことや、やりたいことをやるようにして、ストレスを避けるようにしてきました。もちろんまだまだ「やるべきこと」もあり、それをやらなければ事業が立ちいかなくなる可能性もあるのですが、**最近ではなるべく「やりたいこと」を優先的にやるようにしています。**

小さな会社を経営していくのは、長丁場になります。別に60歳という定年が決まっているわけでもなく、やろうと思えば死ぬまでやっていくことができます。「仕事を引退する年齢を決めて下さい」というお話もしましたが、別に死ぬまでずっと仕事をしていってもいいわけです。

精神的なストレスにも気をつける！

長く生きて、ずっとやりたいことをやるためには、やはり健康であることが大変重要になります。健康を維持するためには、もちろん食事に気をつけたり運動をしたりすることも重要ですが、精神的なストレスを減らしていくことも大変重要になります。**独立しても、体を壊してしまったら、それこそ意味がありません。**

自分の人生なのですから、まったく遠慮する必要はありません。好きなことをやり、やりたいことをやって、楽しく生きていきましょう。最終的に責任をとるのは自分なのです。人に影響されることなく、自分の人生を歩んでいきましょう。

summary

やりたいことだけをやって、楽しく生きよう！

やりたいこと「だけ」をやろう

サラリーマン
疲れた…
仕事
管理
ストレス
○○会社
毎月給料をもらえる代わりに、
縛られてしまう
経営者
自分の人生に、
常に主導権を持つ立場
やりたいこと「だけ」をやって、
生活できるようになろう！

第8章

経営者の本当の幸せを考える

48

経営者の本当の幸せを考える

あなたにとって、幸せとは何ですか？

とうとう最後の章になりました。ここまでおつき合いいただきまして、ありがとうございます。この章では、**経営者の「幸せ」「やりがい」**について考えてみたいと思います。

雑誌などの「社長さんインタビュー」でよくされるのが、「会社を大きくして、社員をたくさん雇い、雇用の確保に貢献したい」とか、「利益をたくさん出し、税金を払うことが社会貢献だ」などというお話です。

もちろん、これは本当に立派な考え方だと思いますし、否定するつもりはまったくありません。しかし、私のような才能のない普通の経営者は、普通の経営者なりの社会貢献ができるはずです。「小さな会社の社会貢献」について考えてみたいと思います。

まずは、納税や寄付による社会貢献が挙げられます。小さな会社は利益をしっかり出して、その40％程度を税金として支払う、という話をしてきました。**利益が出ず、納税がほとんどされない会社が多い中、金額は小さいながらも納税をしっかりすることで立派な社会貢献**になっていると思います。また、利益が出ている場合、会社や個人から、お金で困っているところに柔軟に寄付をすることも可能です。

起業は、社会を豊かにする行為

仮に、サラリーマンの方がこの本を読んでいただき、小さな会社を立ち上げて利益を出していくことができるならば、私にとってそれはとても嬉しいことです。また、そういった成功例が増えることで「思い切って起業しよう」という人が増えれば、それはそれで社会全体にとってもプラスです。

小さな会社が増えるということは、それを経営する経営者（同時に、その事業に投資する投資家）が増えるということですし、その会社でしっかりと利益を出して納税をすることができれば、社会貢献につながります。

もっと「人生の充実」を考えよう

経営者（兼投資家）の幸せのもう1つは、仕事だけをするのではなく、広い視野を持って活動することで、人生が充実する、ということではないでしょうか。

小さな会社の経営をやっていく場合、時間的な余裕が生まれる場合が多いと思います。仕事以外の余剰時間を使って、家族と過ごすとか、地域社会に貢献するなどの活動もできるはずです。子どもがいる方は、子どもと接する時間を長くしたり、子どもに直接教育を施したりすることで、将来の世の中を良くしていく、ということも可能です。

仕事だけではなく、それ以外のことにも時間を使ったほうが、自分の人生全体のバランスもとれますし、世の中全体にとっても必ずプラスになるはずです。会社を必要以上に大きくしないことで、それが可能になるのではないでしょうか。

summary

経営者の「2つの幸せ」を考えてみる

経営者の「2つの幸せ」とは？

①納税や寄付による社会貢献

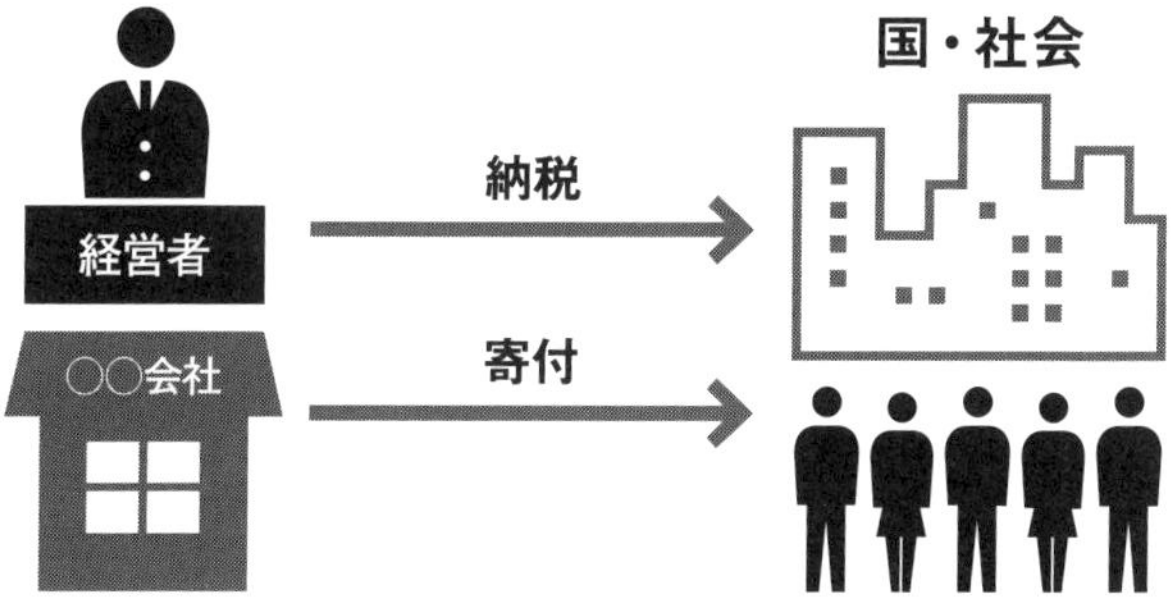

しっかり儲けることが、社会貢献につながる

②広い視野が得られ、人生が充実する

サラリーマンよりも人間的に成長できる

49

会社を潰さず、社員を守る

社員を路頭に迷わせてはいけない

ここで、「幸せ」とは少しずれてしまうかもしれませんが、経営者にとっての義務ともいえる話をしたいと思います。

会社を大きくしても、潰しては意味がない

会社が大きくなってしまい、人をたくさん雇うと、当然売上は上がりますし、知名度もアップします。けれど、その会社の事業が時代に合わなくなってしまうなどして、儲からなくなってしまうと、大変なことになります。

私が昔いた会社で所属していた事業部は、一時期数百人の人がいました。いわば、会社の売上のかなりの部分を占める花形部署です。

しかし、業界の冷え込みで売上がかなり落ちてしまい、結局その事業部は別会社となり、さらにその別会社も実質的になくなってしまうようです。

このような場合、その仕事ひと筋でやってきた、例えば技術者の方などはどうしていけばいいのでしょうか。特に40歳を超える方々にとっては、再就職も至難だと思います。

培ってきた技術がほかのところで利用できればそれでいいのですが、もしそれができなければ大変です。このように、**「会社のために」ということで尽くしてきた人が、まったく報われないことが最近は多くなっているように感じます。**

小さな会社であれば、変化に対応しやすい

利益を出して、納税し、社会貢献することももちろん大事ですが、会社を潰さず、雇っている社員を守ることも経営者にとって大切な仕事だと思います。「イケイケドンドンで大きくしたはいいが、倒産しました」では、あまりに無責任です。

小さな会社であれば、世の中が変化したときにも、変化に対応していくことができます。プライドや伝統、守ってきたものなどもないので、自由です。

もちろん、「あれが儲かるからあれをやる」とか、「こっちがラクそうだからこっち」など、フラフラと流されていくのは論外ですが、何か1つの芯のようなものをもって、それを中心に、変化に対応していくことは今後の世の中を考えると大事なことになりそうです。

安易な拡大戦略はとらない

社会が大きく変化したときに、組織が硬直化して「即死」状態にならないよう、身軽な状態でいることも大事です。今後世の中が大きく変化していく可能性はかなりあります。そのときに、柔軟に対応できるような体制にするためにも、たとえ今儲かっていても、安易な拡大戦略はとらないで下さい。

summary

社員を守ることも、経営者にとって大事な仕事

社員を路頭に迷わせてはいけない

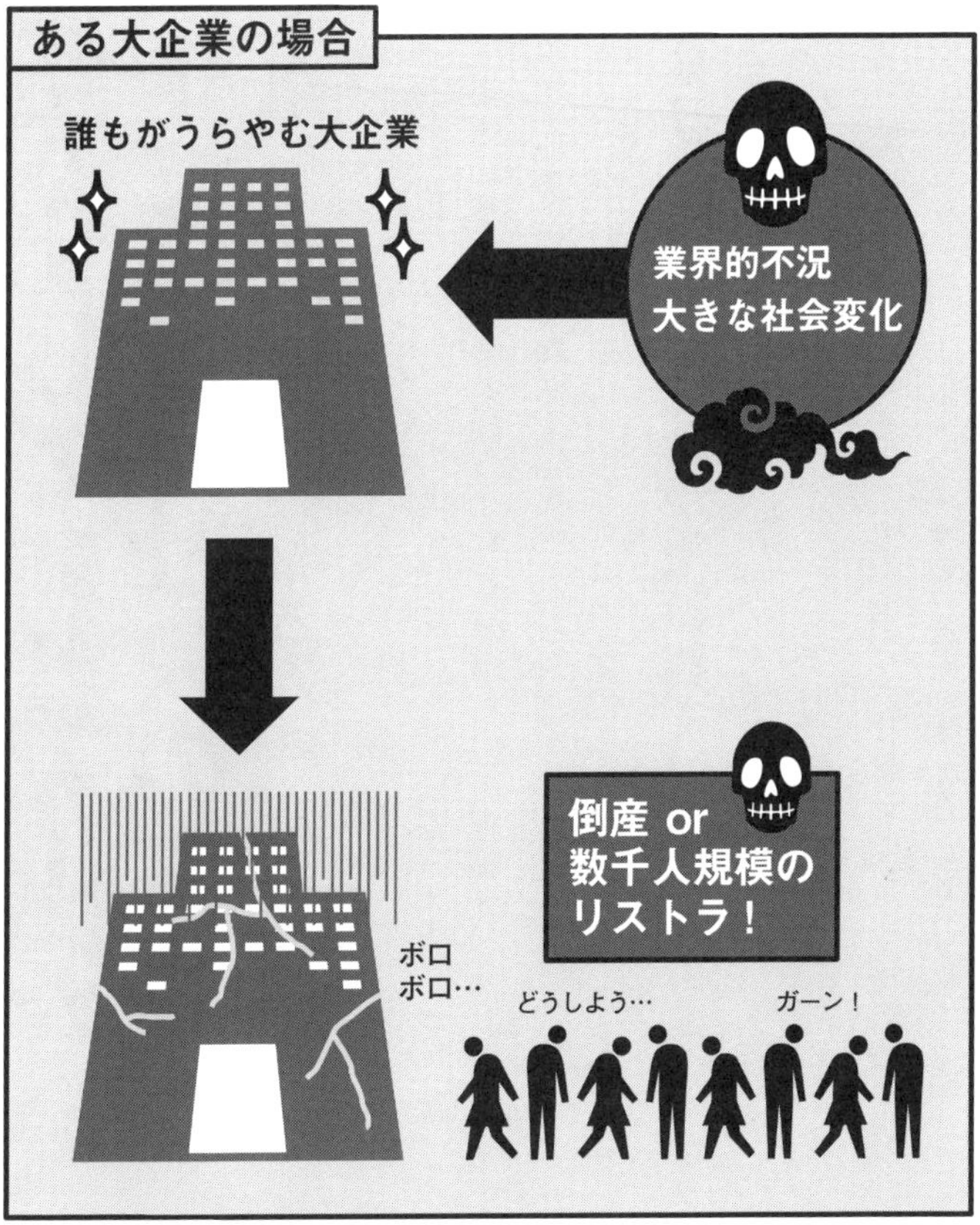

経営者として、
社員を路頭に迷わせてはいけない！

50

「肥大化して利益が出ない大企業」は、社会の害悪

社会貢献どころか、社会の足を引っ張る

最後になりましたが、「肥大化して利益が出ない大企業は、社会にとって有益な存在か?」ということを考えてみましょう。

赤字会社に国民の税金が使われている

10年ほど前から、日本は非常に景気が悪くなり、多くの企業や銀行が大きな赤字を出してリストラが行われました。大きく赤字を出して存続が怪しくなってしまった銀行などに対して、公的資金(国からの援助金)の注入も行われました。

そのような大きな企業の一部は、ものすごく大きな赤字になったため、「繰越欠損金」というものが貯まり、その後の数年間、法人税などの税金を払わなくてもいいという状態が続きました。

赤字でも、高い給料はそのまま？

ものすごく大きな赤字を出したとき、本来ならば人員を削ったり、役員の給与をゼロにしたり、というような策を講じなければなりません。実際、大規模なリストラ等を行い、公的資金をすべて返済した会社もありますが、それをせずに、終始、公的資金に頼りっきりだった会社もあります。結局、法人税をあまり払わず、社会に貢献できなかった会社もあったでしょう。

小さくても利益を出し、新しい価値観を提供しよう

「会社を大きくすること」、それ自体はまったく悪くはありません。しかし、このように

赤字を垂れ流し、いい商品・サービスを提供することもできず、世の中に迷惑をかけるような会社があるとしたら、それは社会に無益であり、害悪といっていいかもしれません。
それならば、小さくても利益を出し、新しい価値観を世の中に提供できる会社を作るほうがいいのではないかと考えています。

summary

しっかり利益を出し、新しい価値観を社会に届けよう

赤字を垂れ流す会社は、社会の害悪

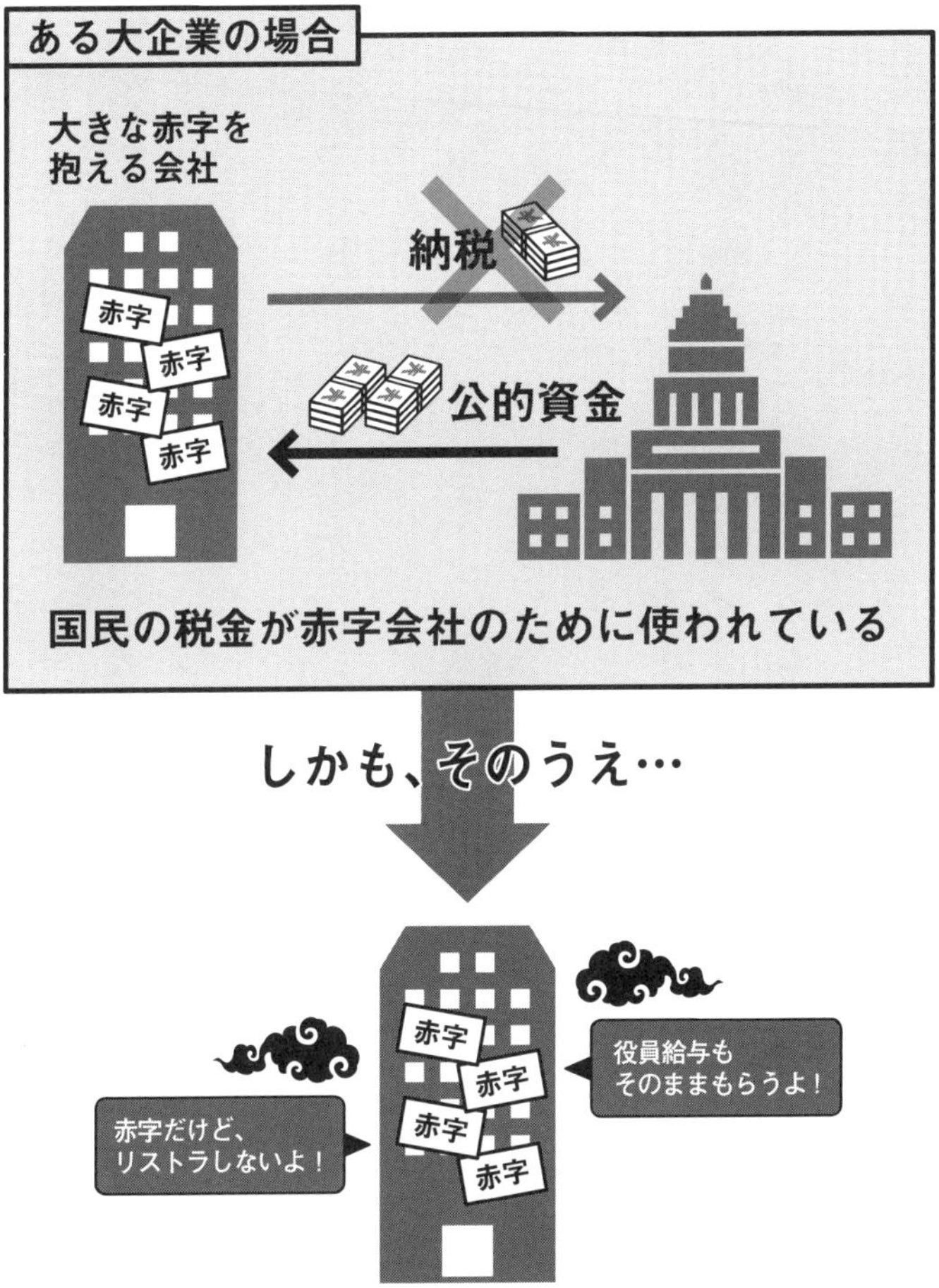
ある大企業の場合
大きな赤字を
抱える会社
赤字
赤字
赤字
赤字
納税
公的資金
国民の税金が赤字会社のために使われている
しかも、そのうえ…
赤字
赤字
赤字
赤字
赤字だけど、
リストラしないよ！
役員給与も
そのままもらうよ！

こうした会社は、社会に何も貢献していない！

おわりに 本書執筆を通じて伝えたいこと

本書を、最後までお読みいただきありがとうございました。

『社長は会社を「大きく」するな！』、いかがだったでしょうか。

「グローバル経済」という言葉が飛び交う昨今にあって、時代に逆行するテーマではありますが、隠れた需要も意外と多いのではないかと思っております。

経営は、会社規模を拡大すればするほど難しくなります。

資金繰りの問題をはじめ、さまざまなリスク対応を迫られるからです。

労務・法務・税務など、おそらく多くの経営者にとって「嫌な仕事」の比重がどんどん高まります。

難しい経営をすれば、そのぶんプライベートにしわ寄せがきます。家族との時間もなくなり、土日も仕事に明け暮れる、これならサラリーマンのほうがよかったんじゃないか、そんな経営者をたくさん見てきました。

繰り返しになりますが、日本に根強くある「会社は大きくするもの」という固定観念は、この時代にあっては、経営者のみならず、そこで働く社員も不幸にします。人を不幸にする、その「常識」を変えたい、これが本書執筆の理由です。

「この本を読んだおかげで、会社も人生もどんどんよくなった！」という方がいらっしゃれば、それは本当に嬉しいことです。そのような方がたくさん現れることを願っています。

最後になりましたが、この本は、日本を代表する経営コンサルタントであるIさんから教えていただいたことが基本になっています。Iさんには、大変感謝しております。本当にありがとうございました。

また、この本の編集を担当してくれた中村明博さんをはじめとするダイヤモンド社のみなさま、そして山本税理士事務所のお客さま、経営者仲間、友人、家族にも大変感謝しています。どうもありがとうございました。

［著者］
山本憲明（やまもと・のりあき）
1970年生まれ。「従業員10名以下の会社」を専門とする税理士。
クライアント先を「小規模でも超優良な会社」「しっかりと利益の残る会社」「経営者、社員が幸せになる会社」にするためのサポートを行っている。そのため、一般的な税理士業務に加えて、経営戦略や会計・財務の面からのアドバイスにも力を入れている。
大学卒業後、10年半の会社員生活ののち、脱サラし、山本憲明税理士事務所を設立。順調に売上を伸ばしていたが、将来の税理士業界や経営の在り方に疑問を感じ、最小限の人数での効率的な経営に方向転換。６人いたスタッフを１人にした。
1000人を超える中小企業の経営者と会い、税理士業務の傍ら、「経営」と「実生活」のバランスのとれたライフプランを提案することを心がけている。
「1人でも多くの経営者の手助けをしたい」との思いから、小規模企業の経営者を対象とした「ひとり経営戦略塾」を運営するとともに、「ナノ企業家のための経営塾（facebookページ）」というコンテンツサイトも運営している。

ひとり経営戦略塾　http://www.rakuzei.com

社長は会社を「大きく」するな！

2012年10月12日　第１刷発行
2012年11月14日　第４刷発行

著　者――山本憲明
発行所――ダイヤモンド社
〒150-8409　東京都渋谷区神宮前6-12-17
http://www.diamond.co.jp/
電話／03･5778･7236（編集）03･5778･7240（販売）
装丁――――渡辺弘之
本文デザイン･DTP――斎藤 充（クロロス）
製作進行――ダイヤモンド・グラフィック社
印刷――――八光印刷（本文）・加藤文明社（カバー）
製本――――ブックアート
編集担当――中村明博

ISBN 978-4-478-02212-2